JN177856

女性社員に支持されるできる上司の働き方

藤井佐和子

講談社+α文庫

はじめに

「女性だから、男性だからと、性別によって相手を判断するのは好きじゃない」

「女性だからと対応を変えるのはよくないので、男性部下と同じように接している」

私は日々、女性の部下を持つ男性管理職に向けての研修や講演を行っていますが、こんなご意見をいただくことがあります。

たしかに、ともに働く以上は、男女の扱いに差をつけるべきではありません。

しかし男性と女性は、気になるところ、気付くところ、やりがいの源泉、価値観、行動のプロセスなど、すべてが違います。上司が同じ接し方をしたからといって、その言葉を同じように受け止め、動いてくれるとは限りません。


さて、男性のみなさんが、仕事の中で女性の育成に頭を悩ませるようになったのは、たぶんここ最近のことです。一昔前までは、それほど問題にならなかったと思いますが、女性の〈腰掛け時代〉が終わったことで大きく変わったのです。

それまで、女性は時期が来れば〝自然と〟会社を辞めていく存在でした。だから、職場で女性が泣いたりしても、とりあえずなだめておけば何とかなりました。しかし、これからの世の中は、女性も〈定年まで働く〉という生き方が普通になっていきます。

実際、出産を理由に退職する女性は、昔に比べて大幅に少なくなりました。復帰後も時間短縮制度を利用するなど、仕事と育児の両立が進んでいるのです。

今後、さらにグローバル化していく社会で、管理職のみなさんは、さまざまな価値観、考え方を持つ人たちのマネジメントを求められます。

いままで男性部下を育成するのだって大変だったのに、ゆとり世代、国籍の異なる人たち、そして女性……。さまざまな人と関わり、意思の疎通をはかり、仕事を進めていかなければいけません。これらを全部一人で抱えるなんて、神様でもなければ到底無理です！

そこで大事なのは、女性を味方に付けること、彼女たちに好かれる上司になること。

言い換えれば、女性たちにみなさんのパートナーになってもらい、男女の違いを上手に生かして、苦手なところをサポートしてもらうことです。

これが、有能な管理職になるための条件ではないでしょうか。

私は、雑誌などの対談を通して、ご活躍中の有名な女性の方とお会いする機会があるのですが、みなさんに「なぜ、いまのようなポジションに就かれたのですか？」とお伺いすると、ほとんどの方が「たまたまなんです、最初からいまの状態を目指していたわけではないのですよ。たまたま、いい上司に出会えただけなんです」と口を揃えておっしゃいます。

さらにいい上司とは？　と聞いてみると、これもまた口を揃えて、「私の未来まで期待してくれて、可能性を信じ、本気で育ててくれた上司です。心から感謝し、尊敬しています。その上司のサポートはいくらでも惜しむことなくしたいと思いますし、実際、こうやって恩返しできているのがうれしいです」とおっしゃいます。

女性社員に支持されることが、どれだけ男性の仕事にプラスをもたらすか、読者のみなさんにもぜひ知っていただきたいと思います。

そのためには、女性ともっと交流し、彼女たちが何を考えているのかを理解することです。「面倒くさい」「どうせ変わらない」で片付けず、ぜひうまく接する方法を見つけていただけたら、と思います。そして女性を信頼し、味方に付けて、ご自身を高めてください。

目次

第2章 「女性社員に人気の上司」はこんな人

第3章　「女性のココロ」に近づく10のヒント

第4章 「女性社員に人気の上司」がやっていること

第5章「女性社員に支持されない」上司の働き方

第６章　「上司の外見」チェックポイント！

編集協力　中尾美香
イラスト　加納和典

第1章

「女性社員に支持される」と得する理由

女性を味方にすると仕事も楽しくなる

女性が輝く職場にはできる上司の存在がある

女性がイキイキとした様子で働く職場は業績がいい。

——これまでたくさんの、さまざまな企業の現場を拝見してきて、実感することです。

単に、いまは女性の時代だ、といった話ではありません。

「女性に活気がある」というのは表面的なことで、もっと大きな影響を及ぼすものを含んでいます。

それを一言でいえば、こうなります。

女性の活躍が目立つ職場は、男女の力がうまく融合している。その中心には必ず、部下の信頼を集める〈上司〉がいる。

男女がお互いのびのびと前向きに意見を言い合い、新たな発想が生まれる背景にはそれを可能にする管理職の存在があるのです。

さて、最近、そんな現場をまた一つ発見しました。ある販売会社の管理職研修を依頼され、事前に現場でヒアリングを行うため、10ヵ所ほどの支店を回らせていただきました。

その会社では、各支店ともに一般職の女性と総合職の男女が混在しています。一つ、また一つと支店を訪問していくうちに、冒頭で紹介した〝法則〟はやはり正しかったと思いました。業績の良し悪しは、女性を見ればわかるのです。

女性がムードメーカーとして盛り上げてくれる

私が注目した支店は、まず、みんなが明るい表情で互いに声を掛け合い、協力し合って仕事を進めている、というのが第一印象でした。

そして、しばらく様子を見ていて気付いたのが、管理職の男性が放つ、独特の存在感でした。その男性は、部下たちに比べて積極的に前へ出るわけではないのに、支店がその方を中心に回っていることが、はっきりとわかるのです。

社員と上司の〝距離〟がとても近いこと。そして、その距離感こそが、支店にあふれるイキイキとした雰囲気を生み出しているようです。

何より目立つのは、女性社員と男性上司の関係。彼女たちは彼の一挙手一投足に対して時には楽しそうにダメ出しをし、時には手を差し伸べるといった調子なのです。

そこには〈使う者〉と〈使われる者〉とか、〈命令する者〉と〈命令される者〉という関係に流れるような、硬直した空気はまったくありません。

女性の明るさが職場全体を包んで、男性社員までも輝かせているようでした。

つまり、彼女たちはムードメーカーの役割を果たしているのです。

そもそも、女性にはそういう資質があるのかもしれません。ほかの企業で実施した研修でも、グループワークの際、男性だけのグループと、男女混合のグループでは、後者のほうが明らかに意見に量と幅がありました。

どんどん良い意見が出るし、何より、男性の楽しそうなこと！ 先ほど例にあげたその支店では、男女混合の研修チームのように、みんながサポートし合って、全体が和気あいあいとした空気に満たされていました。

でも、各人の動作にはメリハリがあり、気のゆるみを感じさせません。しっかりと業績を意識して、それに向けて行動しているのがわかりました。実際、この支店の業績は好調そのものです。

気になった私は、各支店の女性社員のみなさんに集まってもらって、インタビューを行いました。すると、興味深いことが判明しました。**業績の良い支店では、女性たちが一様に男性管理職を支持していた**のです。

対照的に、業績が芳しくない支店では、管理職への不満が高まっているようでした。社員みんなが同じ空間にいながら、男性は男性、女性は女性で固まって、両者の間に隔たりができているようでした。

時折、女性同士が何やらコソコソとしゃべっていますが、ムードメーカーの快活さはうかがえません。そして、男女ともに、男性管理職になるべく関わらないようにしているのが見て取れました。

ここでのキーワードは〈信頼〉だと思います。

業績好調の支店の管理職に対して、女性はみんな厚い信頼を寄せている……いや、順序が逆かもしれません。上司がまずは女性を信頼しているようでした。

女性に支持されている上司のチームは、女性がのびのび、イキイキとしているから雰囲気が明るくなる。そして、その明るさはチーム全体に行き渡り、より精力的に働くパワーとなって業績を押し上げる、ということです。

逆もまたしかりで、信頼されていない上司のもとでは、女性に覇気がなく、コソコソと陰口を言い、それがチーム全体の雰囲気も悪くして、ついには業績まで落とす結果となっているのです。

上司との関係によって、女性が本来のムードメーカーになるか、逆に職場の士気を下げてしまう負のムードメーカーになるかが決まります。

管理職にとって、女性を味方にすることがいかに大事かが、この一事からもわかるのではないでしょうか。

できる上司は女性の意見をうまく活用できる

業績の良い支店の女性社員からは、こんな話も聞きました。

ある日、その女性は上司に、仕事に関する一つのアイデアを提案したそうです。女性だからこそ気付く事柄を意識的に取り入れ、集めた情報も咀嚼《そしゃく》して自分の言葉にすることを心がけたといいます。すると上司は、

「なるほど……それは盲点だったなぁ。上に提案がしやすいように具体的にまとめる必要があるから、一緒に整理してみよう」

と応じてくれたのです。女性社員はそのときの様子をうれしそうに振り返り、

「前の上司に提案したときは、言い終わらないうちに却下されるか、わかるようにまとめてから言いに来て、と言われてすぐに戻されたため、何か気付いたことがあっても言い出せませんでした。でも、いまの上司はちゃんと最後まで聞いてくれるので、安心して話せるんです」

と語っていました。

さて、彼女と上司はその後、提案内容を一緒にブラッシュアップし、上司が支店長

信頼される上司

信頼されない上司

ミーティングで役員たちに発表したんだそうです。結果、「新しい視点による斬新な意見」と受け止められ、会社から、上司はもちろんのこと、支店と女性社員も高く評価されたのでした。

後で伺った話では、現在、その上司は会社からも信頼され、将来の幹部候補として期待をかけられているそうです。

では、この上司のように、管理職が女性から支持されるためには、どうすればいいのでしょうか。信頼される上司とされない上司とでは、何が違うのでしょうか。

訪問先の企業で男性と話していると、たびたび耳にする印象的な言葉があります。それは、

「女性はよくわからないよ……」

という一言。男性管理職の多くが、

「上司として、女性の部下とどのように接したらいいのかわからない」

という課題に直面しているようなのです。

男性管理職が対象の研修では、女性部下に関する悩みを共有していただくため、グ

ループワークの時間を設けることがあります。

「日ごろ、女性社員のことを管理職同士で話すことなんてめったにない」

とおっしゃるのですが、時間を決めて、はい、どうぞ、と促すと、止めどもなく出てくるのです。20分の予定で始めても、大体いつも10～15分は延長することになります。

後で伺うと、

「こんな話、誰にも聞けなかった」

とか、

「言っても仕方ないと思い込んでいた」

という方が8割にも上りました。

しかし、これまで話し合ってこなかった最大の理由は、実は、

「女性はそのうち辞めるから」

という固定観念だったのかもしれません。でも、これからはそうも言っていられないのです。

女性のやる気が高まれば職場も活気づく

「そのうち辞める」は過去の話

私はキャリアを模索する女性を対象に、個別に面会して相談に乗ったり、研修や講演でたくさんの方を前にお話しすることが多い毎日を過ごしています。

とくに多いのは人間関係のことで、〈上司の話〉もたびたび出てきます。どうせ悪口だろうと思うかもしれませんが、そうとも限りません。好意的な話もたくさんあります。

どの企業や職業でも、女性にとっての〈いい上司〉と〈悪い上司〉はほぼ共通していて、好悪を分ける言動の差は明らかです。

一体、どこが違うのでしょうか。女性は上司のどんな点をとらえて、

「信頼してついていこう」

と判断するのでしょうか。

信頼する女性側の理由ははっきりしています。しかし、そんな女性たちのことを多くの男性上司が〈よくわからない〉と感じ、そのままにしてしまっている、というのが実態です。

いま、ビジネスの世界で、〈女性の活躍支援〉が国や企業の大きなテーマになっているのはご存じの通り。

少子高齢化やグローバル化への対応、さらには経営戦略の一環として、先進国を中心に、各企業の取り組みが加速しています。この課題で後れを取ったら国際社会での評価が下がるともいわれているだけに、どの国や企業も非常に積極的です。

翻《ひるがえ》って、日本はどうかというと、残念ながら、大きく立ち後れているといわざるをえません。育児支援もそうですし、女性管理職の登用についても、世界との差は歴然です。

全就業者に占める女性の割合は40％強と増加しているにもかかわらず、管理職は依然として10％程度にとどまり、とうとう先進国で最下位レベルになってしまいました。

世界基準に遠く及ばない日本。このままで良いわけがないと、いま、経済界が遅ればせながら、女性の活躍支援に躍起になっているのも当然のことといえるでしょう。

各社は、女性社員の育成をしっかりやるように、というミッションを経営戦略として社内に発しています。

とくに課題とされていたのが、女性の上司となる男性管理職の意識・関心の薄さでしたが、ここに来て急速に管理職の意識も変わってきました。

現場に女性部下が目立つようになり、もはや〈わからない〉ではすまされないことに気付いて、対策を本気で考え始めている男性上司が増えています。とくにチームメンバーに産休育休時短制度を利用しながら働く女性が歴然と増えているので他人事ではありません。

さっき触れたように、一昔前までは、女性はいずれ辞めるもの、という前提がありました。だから、女性部下との接し方に困っても、（その女性の退職によって）嵐が過ぎ去るのを待てば〝解決〟したのです。

しかし、これからはそういきません。女性は産休・育休を挟んで、ずっと会社にいるようになってきました。若い世代が〈共働きは当たり前〉という価値観を持っていること、さらに、働きながら出産・育児ができる企業環境が少しずつ整ってきたことなど、さまざまな要因が重なったためと考えられます。

想像してみてください。30代ぐらいを上限に女性社員の新旧交代が繰り返されていた昔と違い、今後は女性たちもみんな60歳や65歳まで働き続けるのです。いま目の前の〝女子〟を立派に育てないと、後々困ったことになるのは明らかだと思います。

それだけではありません。これから管理職で成功を目指す人にとっても、女性をどれだけ戦力にできるかは大事なポイントになるはずです。

これまで男性ばかりだった職場も男女混合が普通になりつつあるので、女性と男性それぞれの特徴を生かした総合力が試されるでしょう。何よりまず、〈女性はわからない〉という状態を早く脱して、彼女たちの信頼を得ることです。

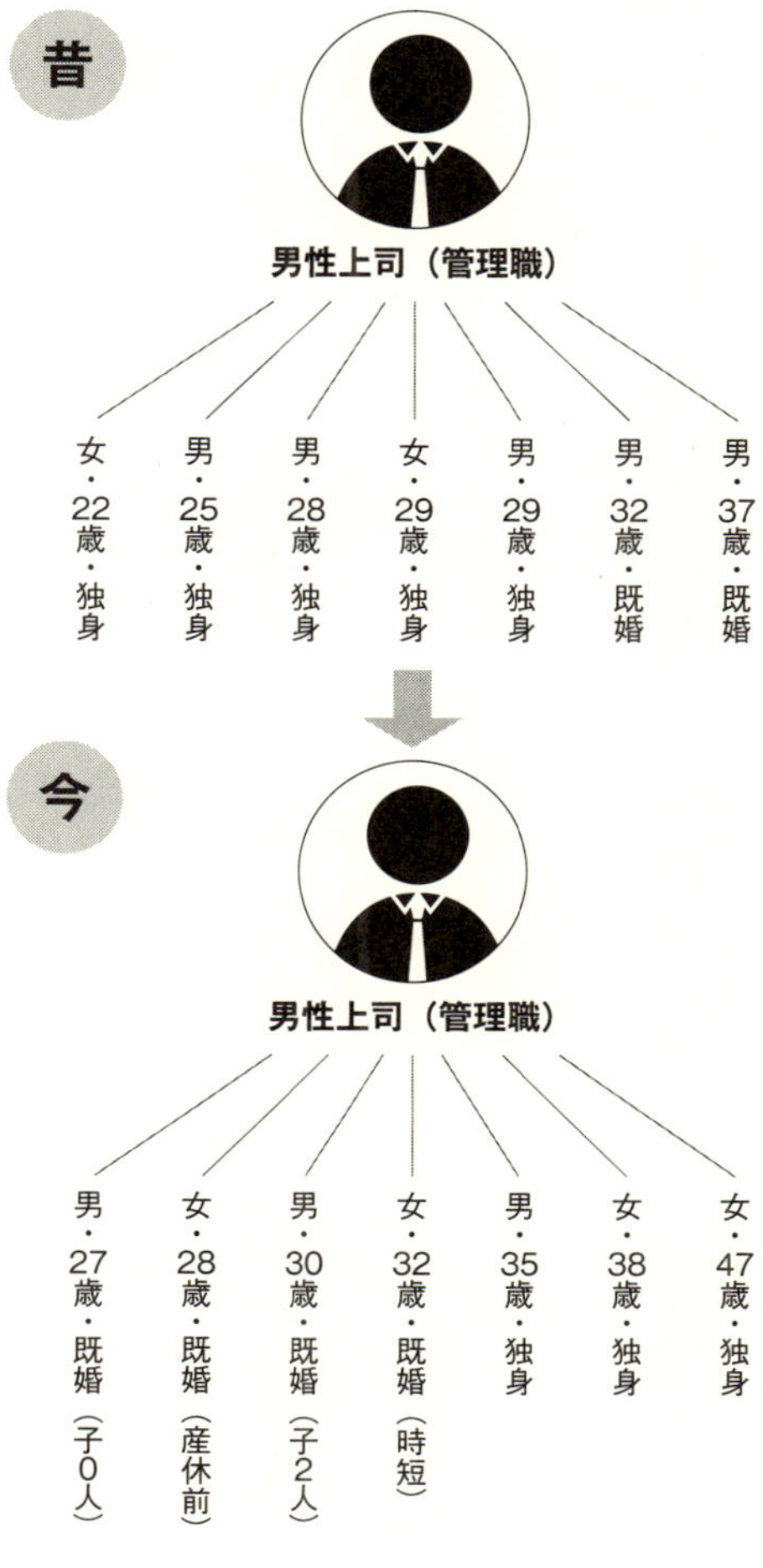
昔
男性上司（管理職）
女・22歳・独身
男・25歳・独身
男・28歳・独身
女・29歳・独身
男・29歳・独身
男・32歳・既婚
男・37歳・既婚
今
男性上司（管理職）
男・27歳・既婚（子0人）
女・28歳・既婚（産休前）
男・30歳・既婚（子2人）
女・32歳・既婚（時短）
男・35歳・独身
女・38歳・独身
女・47歳・独身

「男女は違う」から始めよう

さて、それでは、女性のどんなところが〈わからない〉のでしょうか？

男性管理職が対象の研修や講演で、中堅以上で活躍する30〜50代の方たちの声を聞くと、女性をもっと理解したいという意気込みがひしひしと伝わってきます。

とくに、実務の現場に女性が多い、生保や銀行、サービス業、コールセンターなどにとっては切実な問題のようです。

研修では、

「女性は話があちこち飛んで、結局、何が言いたいのかわからない」

「感情の波が激しくて不安定」

「相手が上司でも平気で反論してくる」

「こんなに気を使っているのに、裏目に出ることがしばしばで……」

などなど本音が出てきます。

いまお読みになっているあなたも、そうそう、とうなずいていませんか？　たしかに、私自身も女性の相談に乗っていると、話があちこち飛ぶのはよくあることです。

相談なので、もとより論理的に話してくれることは期待していないのですが、同性ながらもじっと聞いていて、相手の話の根拠、憶測なのか事実なのかを理解するのが大変なこともあります。

例えば、こんな調子です。上司とうまくいっていないという話の最中、

「また叱られるのが怖い」

と言ったとたん、急に思い出したように、

「数学は苦手だったけど、毎日知らない人に会うより、デスクでこつこつ作業するほうが向いてると思って」

と仕事の話にもどったと思ったら、上司が意見を聞いてくれないと訴えるついでに、

「前の会社の課長もそうでした……。あ！　怒りっぽいところもそっくり」

と、記憶があふれ出すまま、どんどんあらぬ方向へスライドしていって……。話が飛ぶといっても、もちろん個人差は大きいですし、理路整然と意見を述べる女性もたくさんいます。

しかし、仕事の話なら仕事に沿った内容だけ、いまの話をしているときは、いまの

話だけをする男性に比べると、女性の話は本筋と関係がなさそうな出来事にも寄り道しながら、時間を行きつ戻りつして進む傾向があるようです。

男性のみなさんのように、話を本筋からそらしてはいけない、と思ったりはしないし、そもそも、女性にそんな概念はありません。

感情の波が激しくて不安定というのも、男性としては対処に困るところでしょう。張り切って仕事に精を出していたはずの女性が、ちょっとしたことで急に怒り出したりふさぎ込んだり。気を使ってなだめようとしたのが裏目に出たりすると、

「じゃあどうしたらいいんだ!?」

とボヤきたくなるのも理解できます。

仕事のことで注意したら真っ向から反論されて驚いた、とおっしゃる方もよくいます。自分も思い当たるというあなたは、若手のころ、上司に楯突くなんて考えたこともなかったか、そうしたくてもとてもできなかった、という記憶がありませんか?

「よくまあ、あんな風に言えるものだ……」

という思いが、女性は何を考えているかわからないと、途方に暮れる結果につながっているのではないでしょうか。

〈女性はわからない〉――この言葉は裏返せば、男同士ならいちいち説明したり余計な気を使わなくても事が運ぶのに、という気持ちの表れだと思います。

男性中心の社会では〝あうんの呼吸〟で通じているルールが、どうやら女性には通用しないらしいと、薄々気付いている方も多いことでしょう。

女性を男性社会のルールに合わせられるように教育したい、とおっしゃる上司もいますが、その前に女性という生き物を知り、ルールに従わせるのではなく、生かす方法を考える必要があります。

では女性と男性は、その思考回路のあり方に、どこか根本的に違っているところがあるのでしょうか？

いきなり結論ですが、違いはあります。それも、大きな違いが。

最新の脳科学や心理学は、2つの性の間には思考や行動のパターンに大きな差があることを教えてくれます。

だから、男性が女性とのコミュニケーションに困難を感じたとき、両者の違いを無視したままだと、相手の理解力が足りないとか、わがままだとか、誤解がどんどんふくらんでしまうのです。

女性たちは、同じ物事でも男性とは別の見方でとらえているということをまず理解する必要があります。そして、男性から見て仕事にマイナスと思えるような女性の特徴も、周囲とうまく協調できれば全然マイナスではないこと、それどころか、大きなプラスになりうることもあるのです。

女性は上下関係より平等感

女性と男性の思考回路の違いとは、どんなものなのでしょう。

そして、女性を理解して味方にすると、男性上司にどんなメリットがありえるのでしょう。

男女の違いはいろいろありますが、会社のような集団内でとくに目立つのは、〈縦社会〉のルールに従う男性と、情報ネットワークで横につながる女性の違いです。

縦社会とは、上司と部下、先輩と後輩のような序列を重視する社会のこと。

さっき、女性は相手が上司でも平気で反論する、という話が出ましたが、これなどは女性が縦社会のルールでは生きていないからです。

上司の言動が間違っていると思えば、一人でも堂々と抗議したいと彼女たちは普通に考えます。または上司に対してだんまりを決めこむかどちらかです。

「上司の言うことだからしょうがない」

という収め方はしたくないのです。

女性のルールは、平等、公平、フラットです。縦ではなく横に人々は並んでいます。ですから上司の言うことだからといって絶対服従なんてしません。

男性なら、仕方ない、上司が言うことだし、と思うことでも、女性は上下関係より平等感、正しいかどうかを基準に考え、違うな、と思えばたとえ上司にでも納得できる説明を求めます。

女性に学ぶと時代を先取りできる

「平等な上司」の価値観は世界に通用する

これまで男性が多く、男性主体で動かしてきた会社や、女性は多くても物事を決めたり管理するのは男性という組織は、女性ならではの考え方を取り入れることで、これから大きく変わる可能性があると思います。

その考え方の中心といえるのは、〈社会にとっての平等〉を何より優先するということです。脳科学や心理学の研究によると、女性は〈平等性〉と〈共感性〉をとくに大事にするといいます。

太古の昔、男性は狩猟、女性は自然からの採取と留守を預かるのが仕事でした。男たちが闘争に明け暮れる間、女たちは盛んにおしゃべりしながら、集落の暮らしを守っていたのです。

だから女性は、和を乱さないために平等であることと、日常的な会話の中でみんなと共感し合うことを重んじるようになったといいます。上下関係のない情報ネットワークを好むのも同じ理由からです。

しかし、この考え方は、今後、女性だけのものではなくなり、日本が世界と関わっていく上で必要な、男女共通の価値観になっていくと思います。世界を見渡しても、豊かさの定義はモノから精神的なものへと変化しているからです。

さて、**〈平等性〉と〈共感性〉を大事にする女性は、どんな相手にも同じ態度でいられる上司を支持します。**

これに関連して、以前あるセールス職の女性からこんな話を聞きました。その女性が配属されている部署では、最近の異動で上司が替わったのですが、新旧二人の男性上司がまったく違うというのです。

前の50代の上司は、女性同士をもっと競わせるために、よくやっていると評価する人をみんなの前で大袈裟に褒めたといいます。これは、仕事やスポーツなど、チームを預かるリーダーの間では割と一般的な方法かもしれません。一人を褒めることで、ほかのみんなの競争心に火が点けば、と期待するわけです。ところが……、「頭ごなしに『○○さんを見習って』と言われたのが嫌でした。私だけじゃなくみんなも、ヒイキしてるってカンカンでしたね」

裏目に出るとはこのことです。上司はあわてて意図を説明したそうですが女性たちは納得せず、両者はすっかりギクシャクした関係になってしまいました。

要するに**女性としては、上司の印象による評価だけで、扱われ方に差をつけられるのは許せない**。一言でいうと〝ずるい〟と思ってしまったんですね。

それが理由かどうかはわかりませんが、やがて上司はよその部署へ。代わりに40代半ばの男性がリーダーを引き継ぎました。すると……、

「前みたいに、みんなの前で一方的に言いたいことを言うんじゃなくて、褒めるのも注意するのも個別なんです。営業計画や実績の数字を挙げて説明してくれるからわかりやすいし、叱られても納得できます」

上司個人の感想ではなく、客観的なデータも交えて仕事の指示や評価を伝えようとする姿勢が、女性たちに好印象を与えたようです。ちなみに、この上司は普段から部下たちの仕事ぶりをよく見ていて、誰に対しても時々短く声をかけるといいます。仕

事のアドバイスのときもあれば、みんなを和ませるためか、意味のわからないギャグ（？）を言うときもあって、そういう行動も部下たちの間で好意的に受け止められているそうです。

ところで、部下への平等な態度が求められるのと同様に、**上司の、さらに上の上司に対する態度も案外チェックされています。**以前、個別相談で女性からこんな相談がありました。

「私の上司は、〝上〟ばかり見てるんです。私が相談したことは1週間経っても解決してくれないのに、自分の上の人から言われたことには、すごく腰が軽い。即座に対応してるのを見ると、がっかりしますね」

これも男性だったら、よくあること、と思われるかもしれません。でも、縦社会の外にいる女性は「権威」など怖くありませんから、たとえ上からの指示であっても、無条件にそれをほかの作業より優先させるようなことはしません。

それよりも、お客様に迷惑をかけないように、とか、先に頼まれたことから順番に、とか、縦社会とは別の軸、つまり目の前の人に対して自分が平等で正しい対応をしているか、で仕事の優先順位を決めているのです。

女性が上司に期待するのも同じこと。

上に対しても媚びへつらうことなく、対等に意見を述べ、下に対しても態度を変えず、常に同じトーンでやりとりしてくれる人。

顧客へのホスピタリティと社会貢献を何より優先し、それを意思決定の軸としてチームを引っ張ってくれる人。

そんな上司を女性たちは尊敬し、ついていこうとするのです。

「オープンな人」に女性も心を開く

社会的な平等を第一に考える女性は、〈上から目線〉や〈一方的な指示〉をとにかく嫌います。

相手に対して平等であろうとすれば、目線もおのずとフラットなものになるはずです。私は上司と部下の間も本来そうあるべきと考えますが、上下関係を百パーセント取り除けないのも事実。

そこで、上司のみなさんには率先して〈自己開示〉に努めてほしいと思います。部下に向けて、自分はこういう人間だ、とオープンな態度で接することで、上下関係の堅苦しさを多少でも和らげることができるはずです。

自己開示といっても、別に特別なことではありません。

例えば、自分の家族について飾らずに話すのも、女性部下からすると上司の知らない一面を垣間見るいい機会です。

「かみさんの誕生日が近いんだけど、会社の周辺でいい店知らないかな？」
「最近さ、中学生の娘が口をきいてくれなくなってね……」

いつも険しい表情の上司からこんな話を聞くと、

「へえ、仕事人間のようで、家族のこと大事にしてるんだ」

などと意外な発見があったりして、人柄を見直すきっかけになったりもします。

上司からプライベートのことを一方的に聞いても部下は答えづらいし、しつこいとセクハラにもなりかねません。まずは自分から心を開くことが、部下とのフラットな信頼関係を築く第一歩といえます。

……と、ここまで読んで、こんな感想を持つ方もいるかもしれません。

「女性の考え方に学ぶのは賛成だけど、部下は男のほうが多いし、いちいち男女で態度を使い分けるのは大変そうだな……」

大丈夫、ご心配はいりません。**最近は若い男性の価値観も、女性にかなり近くなっているといませんか？**

例えば、若い女性の多くが（いまの、あるいは将来の）旦那さんの稼ぎだけを当てにしなくなり、「自分も働くから、そのぶん家事や育児は平等に分担してほしい」と考えているのに呼応して、男性の側も家事や育児を手伝うことに抵抗感がなくなっています。

女性とのフラットな関係を当然のこととして受け入れている若い男性たちは、昔ながらの縦社会より、むしろ女性的な横のつながりのほうにより親しみを感じるようです。

だから上司も、今後は女性に学んだことを男性にも適用できるようになっていくはず。

平等であること、オープンであることをいち早く身に付けた上司なら、これからの新人たちとも良好な関係を築いていけるでしょう。

第2章

「女性社員に人気の上司」はこんな人

「縁の下の力持ち」をきちんと評価できる

女性社員が上司に望むこと

最近、女性部下を持つ管理職の方のための研修を実施したときのことです。その企業はまだ女性の大半が一般職で、前もって女性たちにアンケートを採りました。

ズバリ〈上司に望むこと〉について質問したのですが、なかなか興味深い結果となりました。例えば、自由回答の欄にあったこんな意見。

「私たちの仕事を、大したことない、誰でもできると思っている気がします」

どうでしょう、耳が痛いという人はいませんか？　実は、これと似た訴えがいくつも寄せられたのです。

アンケートをお願いしたのは、営業や技術などの各部署でアシスタントの役目を担っている人たち。みなさん日々の業務に奔走していますが、〈縁の下の力持ち〉といえる存在だけに、その活躍は周囲から見過ごされがちのようです。

後で何人かにインタビューしたところ、彼女たちの不満は、単に評価の低さだけに向けられたものではありませんでした。アシスタントの貢献度が表に見えづらいことは重々承知しているのです。

それよりも、**上司の〈無関心〉こそが女性社員の不信を招いた原因**だとわかりました。

実際の声を拾ってみると……。

「営業社員の手柄は称賛されるのに、私たちは毎日どんな仕事をしているのかさえ、聞かれたことがないんです」

「私たちがどれほどみんなのことを思って気を配っているか、ちっともわかってない」

「仕事内容に興味もない部下のことを、どうやって評価してるんだろうと思ってしまいます。あれでは相談に乗ることもできないだろうし」

「全く情報をおろしてくれない。いつのまにかいろいろ決まっていて、私たちはカヤの外です」

どれも手厳しいですね。

「君たちの仕事は大したことない」

なんて口に出す上司はいないと思いますが、態度に表れるのでしょうか。そういうところを女性は敏感にキャッチしますから、甘く見ていると後が大変ですよ。

できる上司は〝社内通〟に学ぶ

チームをうまく回している優秀な上司は、誰の仕事も軽く見たりはしません。それぞれの役割を把握するのはもちろん、役割以上の価値を見出すこともできます。

例えばどんな〝価値〟なのかというと……。

「私たちずっと社内にいるから何でも知ってるんです。部署全体の様子からどうすればもっと効率良くできるのか、うまくいってない場合は何が問題なのかもすぐにわかります」

えっ！　と驚かれたかもしれません。

答えてくれたのは、事務職の女性です。

内勤の彼女たちは、たとえ営業の最前線をじかに見ていなくても、ずっと社内を見ているので、いま何が起こっているかを隅々までキャッチしています。だから、人員配置の片寄りや人間関係の小さなトラブルにも、上司以上に気付いていたりするのです。

そんな〝社内通〟の女性たちの協力を得ないのはもったいないと思いませんか？

でも、このことに気付いていない上司は案外多いようで、

「いまの上司は私たちを頼りにしていないから、何も聞かれないし、私たちから話すこともほとんどありません。必要とされれば、いくらでもサポートしますけどね。いつも一歩引いたところから眺めて、あれ？　大変な状況になってるみたいだけど、どうするんだろう、と思っています」

女性って怖い、と思われたかもしれません。
しかし、こういう姿勢は女性のみならず、自分は頼りにされていない、必要とされていない、と思っている人ならば当然のことかもしれません。
実際、女性を受け入れ、理解し、頼りにしてくれる上司のもとでは、彼女たちの冷めた気分も一変するようです。

「的確な指示がもらえると、私たちの仕事をちゃんと理解しているんだな、とわかります。戦力としてカウントされるのはやっぱりうれしいし、もっと力になろうと思う気持ちも湧いてきますね」

事務やアシスタントがいるからみんなが安心して仕事ができるのではないでしょうか。営業や総合職と同様に尊重すること。社内にずっといるから知りえる大事な情報を活用しないのはもったいないです。

「最近まわりの様子はどう？　気付いていることがあったら教えて」

などと声をかけて、協力してもらうとよいでしょう。

チームの資源を有効活用することで、チームの、そして管理職の人の価値が上がる、といえるでしょう。

先への期待が女性を動かす

人気の上司に共通するのは、仕事の結果だけでなく、プロセスもちゃんと見て部下を評価しているという点です。

前に進めなくて苦労している姿や、結果が悪かったとしても、その経験が成長につながった、など、そんな日々の積み重ねも見ていてくれる上司だと、女性はついていきたくなります。

さらにつけ加えるなら、言葉や態度に将来への期待が込められていること。例えば、一つの仕事への取り組み方を前回と比べて、

「ここは随分うまくなった。でもここがまだ足りないから次は意識して」

などと上司に言われると、女性は〈これからも仲間として一緒に頑張ろう〉という自分への期待を感じ取ります。

上司の指摘が自分の現状をよくとらえていて具体的であればあるほど、モチベーションはぐんと高まるはずです。

反対にとにかく目の前の仕事だけを滞りなくやってくれればいい、という態度で接してくる上司は、女性をがっかりさせます。私たちは、それだけの役割しか求められていないのね、将来のことは期待されていないのね、と失望します。「いま」が「未来」の女性のさらなる活躍につながることを意識して「いま」を関わっていますか？

聞き上手で論理的に話ができる

女性が意見を言いやすい環境で信頼感を持たせる

　私が新卒で入った会社での話です。そこでは会議のとき、女性の意見は一切求められませんでした。テーブルを囲んだ男性が順番に発言していくのですが、なぜか女性は飛ばされる。当時は当たり前と思っていましたが、いまとなってはかなり異様な光景です。

　もう20年以上も前のことなので、いまこれほど極端な会社は少ないと思いますが、まだ女性の発言権が弱い、古い体質の組織も依然としてあるようです。

　さて、その後私は転職して、ベンチャー企業で働くことになりました。ここの会議は前の会社とは真逆で、いきなり、

「藤井さんは、どうしたらいいと思う？」

と質問されて、あたふたしたのを覚えています。なぜなら、女性は意見を聞かれないものと思っていたからです。

そもそも人前で発言することに慣れていなかったので、最初はうまく話せませんでした。でも、私の意見を根気強く聞いてくれたことで安心して言えるようになり、やがて堂々と意見が言えるようになりました。

そして、機会を重ねるうちにだんだんとコツがわかってきたのです。自分のアイデアが初めて採用されたときは感激しました。上司から、

「この前、話してくれた企画のことだけど……」

と聞かれて、覚えていてくれたのもうれしかったのですが、その案をすぐに実行してくれたときの喜びは、いまでも鮮明に思い出せるぐらい大きなものでした。

あの日の出来事を境に、私は仕事に対して積極的になれたように思います。自分の意見を聞いてもらえるということは、こんなにも励みになるものなんです。

女性の発想に論理をプラス

以前、ある管理職の男性がこんなことを言っていました。
「女性の発想は男性とまるで違っていて面白いですね。時々、自分やほかの男性社員からは絶対に出てこないような斬新な提案をしてくれるので、ミーティングのときはひそかに期待しています」

たしかに、女性の視点から生まれた商品や新ビジネスがたくさんあります。いまどきちょっと目端が利く上司なら、女性の意見を重視するのは当たり前でしょう。

しかし、女性は自分の中に〈これが言いたい〉というものを持っていても、それを言葉でうまく伝えられなくて、もどかしい思いをすることがよくあります。

私がそうだったように、人前でしゃべることに不慣れな人もいますし、もともと簡潔に話すのが苦手で、結論が見えない話を長々と続けてしまう人も多いです。

もしも上司から「もっと手短に」なんて言われたら、勇気がくじけて二度と意見を出せなくなってしまうかもしれません。

それとは対照的に、**女性の言いたいことを「要するに……」と論理的にまとめてく**

れる人がいると、とても頼りにされます。

先日、個別相談にいらした女性から伺った話なのですが、男性上司と一緒に顧客の会社を訪問したときのこと。女性が自分の発案による新しい計画についてプレゼンすると、先方から次々と質問が。

中には盲点を突くような批判もあって、返事にまごついていると、横から上司が、

「おっしゃることはよくわかりますが、私どもとしましては……」

と、静かに反論を始めたそうです。顧客の幹部たちを前にしても落ち着いた様子で、自分たちの意図を改めて丁寧に説明し、とうとう説き伏せてしまったといいます。

上司の堂々たる活躍に女性は「すごい！　この人についていこう!!」と内心で叫んだそうです。そして、自分ももっとお客様が納得してくれるようなプレゼンができるように努力しよう、と思ったんだそう。

アイデアはわいても、それを論理的に相手に説明することが苦手な女性も多いようです。上司自らがどのように伝えれば相手が理解するか、手本を見せてあげてください。

女性を励まし、成長を後押しできる

育て上手はねたまない

部下を育てるのがうまい上司というのもやはり存在します。

そんな上司の絶対の条件といえるのは、部下の活躍を〈ねたまない〉ということです。

最近はしっかりと学業を積んだ優秀な女性が増えたためか、上司（男性）がどう扱ったらいいのかわからない、という人もいますが、それだけでなく、あまり仕事を任せないとか、海外出張の機会を取り上げるといった、悲しくなるような行為があることを個別相談や講演で聞くことがあります。

やる気を削がれた女性は、

「もう疲れた。これ以上こんな面倒に巻き込まれたくない」などと言い残して、さっさと別の会社へ転職していきます。

女性が活躍する部署をまとめられる上司は、部下と自分を比べてねたんだり、ましてや足を引っ張ったりするような度量の小さい人物ではありません。

仕事はどんどん部下に任せた上で、結果に対してはきちんと責任を持つこと。

そして、部下と自分を比べないよう、いつも高みにいるための勉強を怠らないこと。

私の知り合いのシンガポール人のマネジャーは、常に勉強を怠りません。もう60歳に手が届こうとしているのに、まだまだ足りない、と朝4時に起きて、机に向かって情報を集めたり、勉強会に定期的に出て、その宿題に追われています。彼は知識が深いので、女性だけでなく、男性部下にも尊敬されていますし、ゆとりを感じます。

各自の頑張りに口を挟まず、自分は自分の仕事に徹する。

そして、自分の成長を止めない努力をする。

会社以外の人との交流が少なかったり、最近新しい知識、勉強に投資できていないと思われた方は要注意かもしれません!

「もっと出来る」が人を変える

私にも感謝している、頼れる元上司がいます。

この方は部下に細かいアドバイスをするというより、自信を持たせるのがうまい上司でした。

当時、デスクワークにかかりっきりだった私に、徐々に営業的な、売り上げに直接関わる仕事を任せてくれて、「もっと出来るから」「可能性があるんだから」と、絶えず励まされたのを思い出します。

以前は働くことに前向きとはとてもいえない私でしたが、気付いたら仕事が大好きになっていて、ついには社内で表彰されるほどの数字を挙げられるようになったのです。

最近、その元上司と再会したとき、私が変わるきっかけをくださったことに感謝しているとお伝えしました。キャリアを重ねたいま、そのありがたみは当時よりも一層強く感じられます。

会社人間でなく、仕事以外の顔を持っている

外で過ごす「第3の時間」

「じゃ、お先に」

——最近は管理職の方の中にも、

「自分が早く帰らないと、部下も帰りづらいだろうから」

と、率先して早めに会社を出る人が増えているようです。実際、まだ上司が残っているからと、ムダな残業をしている部下も少なくないので、いい傾向だと思います。

さて、さっそうと夕闇の街へ消えていった上司は、どこへ向かったのでしょう。

まっすぐ自宅へ？

もちろん、それもいいのですが、**女性に人気の上司ならこんなとき、たまには家で**

も会社でもない、第3の時間を過ごすものです。仕事以外の知人や趣味の仲間と集まって、昼間とはがらりと違った会話を楽しむ。そんな別の顔を持つことで、会社では得られない人脈や情報が集まり、管理職としての人間の幅を広げることにつながります。

また、何か仕事上の提案をするときも、入手しやすいデータに基づいた一般論ではなく、世の中に広く深く根を下ろして集めたたくさんの知識によって、独自の発言をすることができます。

こんな上司のことを女性部下は「この人、スケールが大きいなあ！」と思うことでしょう。

外の世界とのつながりが強みに

私が20代のOLだったころの話です。当時の部長が、たまにはみんなで飲みに行こう、と女性部下を誘ってくれたのですが、ついていった先は、いかにも大人の店、といった感じのところでした。

そこには、とても会話の面白い部長の友人も常連として来ていて、部長がその方とフランクに話しているのを見た私は、

「お！ 部長が会社とはちょっと違う顔をしてしゃべってるぞ」

と思い、なんだかワクワクしたのを覚えています。

この部長は普段から言動にゆとりが感じられる人で、ほかの上司と比べると、小さいことを気にしない、視野の広さ、心の広さがありました。

さらに、部長には女性の友人もたくさんいることがわかりました。その人たちと活発におしゃべりする中で、ついには女性の心理やホンネを熟知するまでになったのです。外の世界とつながると、いろいろな利点があるようです。

そんな話を管理職研修でしたら、一人の男性が、

「それはわかっているけど、お小遣いの少ない中ではなかなか厳しくて……」

とおっしゃいました。

大丈夫。いまは無料の講演会やセミナーもやっていますし、ボランティア活動で他業界の方と知り合えた、なんて話も聞きますよ。

第3章

「女性のココロ」に近づく10のヒント

【ヒント①】

「チーム」より「自分」発想である

「自分」軸で考える女性

女性のためのセミナーを開くときは、タイトルをどうするかでいつも迷います。どんなイベントもそうだと思いますが、タイトル次第で、集客に差が出るからです。回を重ねることで、女性が心を引かれる、つまり集客に効果的なタイトルの傾向はつかんできました。

過去、客足好調だったセミナーのタイトルからキーワードを取り出してみると、

「自分らしい」

「自分だからこそ」

「自分発見」

「自分磨き」

「自己実現」

「なりたい自分に」


もう、おわかりですね？

女性の関心は、ほかの何よりも〈自分〉に向けられています。

ファッションや占いに熱心なのも、なりたい自分や、知りたい自分への手がかりが見つかるかもしれないと思うから。セミナーに行く動機だって同じです。

一方、男性は見事に対照的。

「チーム力」「チームワーク」「チームプレイ」などの入ったタイトルが好みで、集団をうまく動かす妙案はないかとお探しのようです。そしてその先には、「管理職」「地位」「出世」などがあります。

女性もチームで何かをするのは大事だとわかっています。でも、それについて突き詰めて考えたりすることには、興味をそそられないのです。

チームか、それとも自分か。ここにも男女の違いが表れていますね。

男性

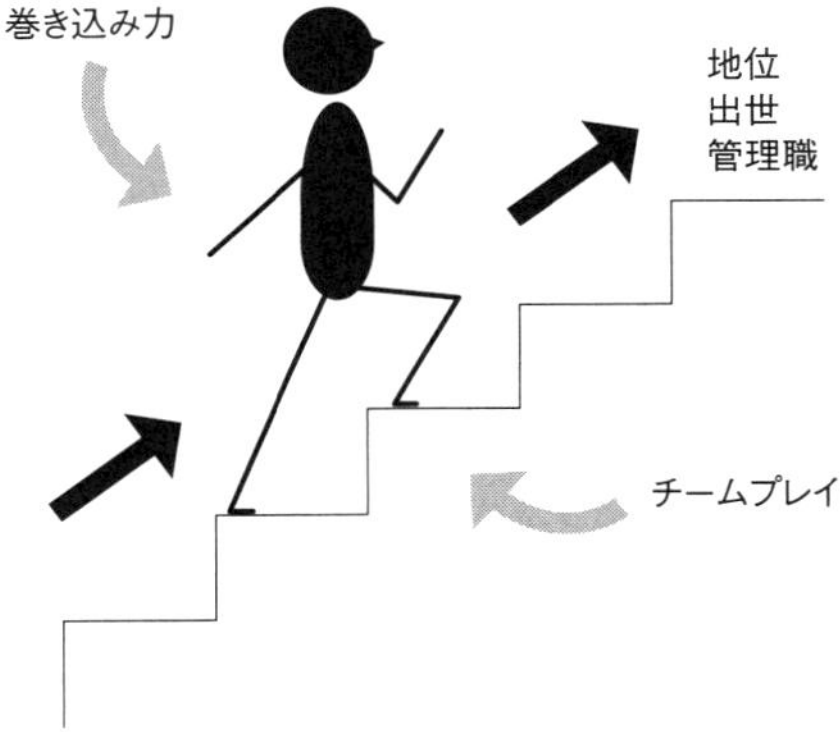
巻き込み力
地位
出世
管理職
チームプレイ

女性

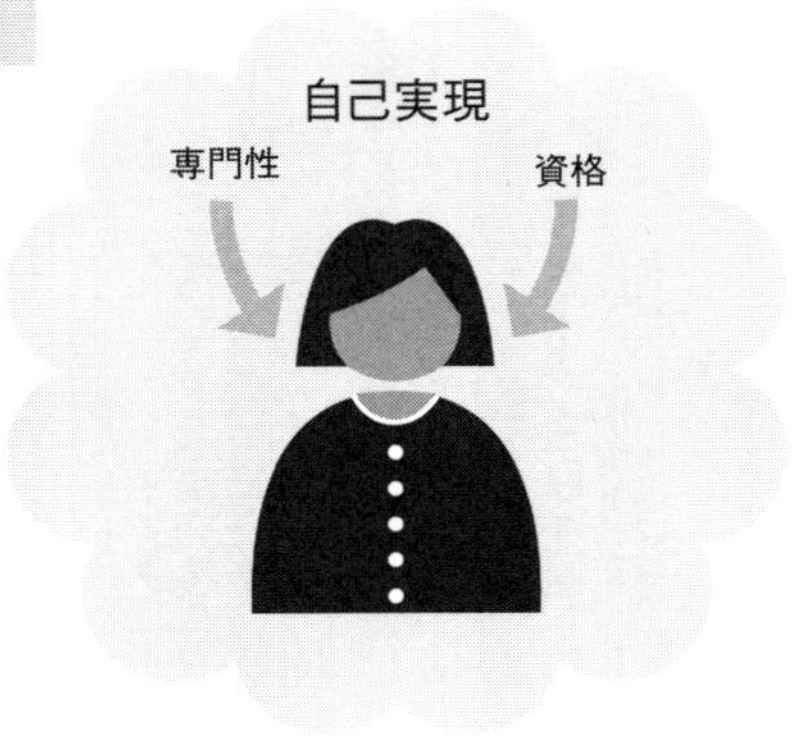
自己実現
専門性
資格

女性の考えるスキルアップとは、1年前、半年前の自分より、もっと成長した自分になるということ。これが動機のすべてにほかなりません。

興味深いのは、こうした日本女性の自分志向と、外国人のキャリア観に似通った点があることです。先日、シンガポールへ取材に行ってきたのですが、向こうの人たちは20〜30代前半までに、少なくとも2〜3回は転職するそうです。

目的はやはり、自身のキャリアアップ。ここの会社では自分の市場価値はこれ以上アップしないから、とか、この上司のもとでは成長できないから、とか、〈自分を高めること〉を第一に考えて会社から会社へと渡っていきます。

日本人、とくに男性は、すぐに転職するのは我慢が足りない、と思いがちです。また、長い目で見れば、会社とともに繁栄することを目指したほうが堅実で、それにはチーム力が大事、という意識が強いのかもしれません。こう考えると、女性と外国人の考え方は似ているように思えてなりません。

「巣作り症候群」とは

女性のキャリアアップ観に見られるもう一つの特徴は、専門性の追求です。

先日、メーカーで経理を担当する女性が、相談に来られました。社内での今後について悩んでいるといいます。

「これからもさらに経理の勉強を重ねて、専門性を磨いていきたいと思っているのに、上司から『それだけでは評価できない』と言われてしまって。一体どうしたら……」

なぜ、自分の専門性を高めるだけでは、評価に値しないのでしょうか？

上司の考えは、たぶんこういうことだと思います。

専門知識を深めて仕事に生かすのはいい。でも、会社という組織で働く以上、自分一人ではなく、チームでの生産性を上げるため、みんなと協力して仕事を進めることが大事で、君にもそういった行動をもっと期待したい、と。

またまた、チームか自分か、ですね。

ところで、専門に没頭しやすいのは、男性にもよく見られる傾向です。

とくに研究者や技術者のような人たちには、管理職としての指導的役割より、自分の研究だけに集中したいと思う人も少なくありません。

それは、ただ純粋に面白い、もっと知りたいという気持ちから出た探求心で、一度取りかかると、ほかのことには目もくれない状態になります。まさに、システム脳の働きが強い男性の特徴を表しています。

システム脳とは、脳のさまざまな活動のうち、感情をなるべく排し、論理的な思考を追求しようとする部分の呼び名です。

思考より感情が優先しやすい共感脳と対をなし、男女の脳の違いを説明するのに使用される言葉です。

これに対し、女性が専門性を追求するのは、面白いから夢中になるというより、自分だけの領域を充実させることで、社会においてもっと必要な存在になろうとしているのです。

中には、自分が何者なのかわからない、だから肩書となる専門性が欲しいという女性もいます。社会に通用するポジションを手に入れることで、自分が自分であることを確立しようとしているのでしょう。

とくに組織の中で、専門性のみを追求してしまう、あるいは自分にしかわからない領域をつくってしまう女性の傾向を、私は〈抱え込み〉、あるいは〈巣作り症候群〉と呼んでいます。

彼女たちにとって、専門性の高い仕事を持つことは、社会の中での自分の居場所〈巣〉を確保することとイコールなのです。

しかし、わざわざ症候群と名付けたのには理由があります。

みなさんのまわりに、とても忙しそうにしているから、

「大丈夫？　手伝おうか？」

と聞いても、

「はい、大丈夫です！」

と言い切る女性はいませんか？

明らかに疲れているし、残業も目立って多い。

でも、周囲からは何をしているのかわからない、ブラックボックスのような状態。

これがまさに、巣作りが本人を追い詰めてしまう典型的なパターンなのです。

無理に手伝おうとしようものなら大変です。仕事を取り上げられたら居場所がなくなるとばかりに、自分の（と自分で決めた）領域を必死で守ろうとします。

しかし、そのためにオーバーワークになりがちで、ミスが出たり、納期が遅れたりを繰り返します。こうなると深刻で、周囲から、

「あの人、単に仕事が遅いだけなんじゃないの？」

と疑問の目を向けられ、評価が落ちていくことは避けられないでしょう。

それでも、本人に何が問題かを自覚させるのは容易ではありません。女性のキャリアアップ志向には、こんなリスクも潜んでいるのです。

【ヒント②】

女性のココロはホルモンに左右される

わかりにくい女性の体調

男性が対象の研修や講演では、おそらくみなさんが知りたい、でも聞きづらいテーマである女性の生理や妊娠中のことについて話すことがあります。管理職の男性に聞くと、

「こればかりはお手上げですね。どれだけつらいのかわからないから、たびたび休まれると正直、甘いんじゃないか、実は仮病じゃないかと思ってしまいます」

といった嘆きの声が返ってきますが、無理もないなと思います。部下の女性に、

「生理2日目なんです。医務室に行っていいですか?」

「今月とくにつらいので、休んでいいですか？」

などと言われたら、大抵の男性はただうなずくしかないのではないでしょうか。

たしかに、聞き返すことのできない男性の弱みを利用して、仮病を使う人も中にはいます。でも、本当につらくて苦労している人がたくさんいるのです。まず、このことをご理解いただければと思います。

生理中や妊娠初期の症状は、人によってさまざまです。

頭痛、めまい、吐き気といった体の不調から、イライラする、悲しくなるなどの気分に関わる症状まで、百人百様。

程度の差も大きく、つわりがほとんどなかった、という人もいれば、この世の終わりかと思うほどひどくて、あまりにユウウツなので会社を辞めようかと思った、という人もいます。

実は私も、生理前に1時間ほど、理由のないイライラが続くのがパターンになっていて、あ、そろそろ始まるな、とわかるのですが、ただやり過ごすしかありません。

私の知人の中には、イライラしだすと他人に当たりたくなって抑えが利かないので、収まるまで家から出ないようにしているという人もいるほどです。

そして、つらい期間が過ぎると、何事もなかったようにケロッと元気になってしまいます。これだから男性陣は半信半疑になるのかもしれませんね。

いまは、病院で薬を処方してくれたり、アロマ治療や漢方など自分に合う対処法を試みる人もいますが、いずれにしても、女性の日常に大きな影響を与えているのは間違いありません。

女性はホルモンに支配されているといっても過言ではないくらい、体調や気分に変化をもたらします。

ホルモンとは生涯のつきあい

さらに、将来的に気になるのが更年期障害です。やはり人によって差はありますが、おおむね40代後半から50代にかけてこの症状が出ます。

急に体がほてる、顔だけが熱くなる、多量の汗をかく、など、体温をうまく調節できなくなるのが典型的な症状で、これにイライラやウツウツが加わります。

女性向けのセミナーでは感情面のマネジメントについてもレクチャーするのです

が、いつも言うのは、女性である限り、ホルモンとずっとつきあっていかなければならない、ということです。

だからこそ、自分の感情の動きを客観的に見る習慣が大事で、それを足がかりに、イライラをコントロールする方法が身に付くよう指導しています。

では、上司の男性はどうすればいいのでしょう。

やはり、具体的な話はしづらいでしょうし、**あまり踏み込むとセクハラと判断されかねませんから、あえて聞かないことです。それより、感情のコントロールを手助けするのが良い**と思います。つらそうだなと思ったら、

「いま、どういう状態?」

とさりげなく声をかけるぐらいで十分です。そうすれば女性は、

「あれ?　そういえば、今日は何となく気分が乗らないな」

と気付いて、自分をチェックすることができるようになります。あくまでさりげなく、がポイントです。

【ヒント③】

仕事も生活も人生の優先順位で考える

移り気は思考回路の違い

女性は〈移り気〉だと思っている方が多いのではないでしょうか。

たしかに、そういうところは大いにあります。数日前に悩んでいたことを上司として自分なりに考えてあげたつもりが、

「あ、もうそれ大丈夫です」

と一言で片付けられたら、ガクッとくるのもわかります。それどころか、

「何のことですか?」

なんて言われてしまったり……。

どうして、こういうことが起きるのでしょう。

女性の物事の考え方には、男性とは違った特徴があります。

女性の悩みはシンプルな形ではありません。一つのこと（悩みごとなど）を突き詰めるのではなく、悩みが悩みを呼ぶ、というのでしょうか、ほかのさまざまなことをつなげたり、混ぜたりしながら考えるのです。

例えば、仕事について悩んでいる、といっても、仕事内容だけでなく、人間関係や将来この仕事でいいのかといった問題、さらにはライフプランのことまでが関係してきます。また、そのときの気分によっても悩みの度合いが変わってきます。だから、悪い方向に考えるときは、悪い思考回路に接続して、どんどん落ちていくのです。

しかし、思考回路が良い方向に進むと、いつのまにか問題が解消したり、機嫌が良くなったりします。反対にさっきまで元気だったのに急に落ち込むというパターンもあります。

もう一つ女性が男性と異なるのは、自分の人生やキャリアを考えてしまうとき、仕事とプライベートを区別しないことです。両方ひっくるめて悩んだ末に、優先順位を付けていきます。とくに20代の女性からの相談で、

「結婚や出産がどうなるか、はっきりしないうちから自分のキャリアの方向性なんて決められないです」

というものが多いのですが、仕事もプライベートも両方一緒に悩むことが彼女たちにとっては普通なのです。

しかも、いまだけでなく、将来を想定して、悩むのです。

しかし、将来なんて、どうなるかわかりません。結婚は相手があるもので、相手が結婚後に転勤する可能性だってあります。だから、どうしたらいいのか、困ってしまうのです。

そんな女性たちに、私はこんな風にアドバイスしています。

「まず、自分がどうしたいのかを決めましょう。もはや、結婚したら働かなくていいという世の中ではありません。だから、いまのうちに、結婚後も続けられるよう実績作りをしましょう。いまのうちにできることを増やすのです。結果的にはいまの会社からも必要とされる人材にもなれることでしょう」

上司のみなさんも、ぜひ、こんな考え方で、女性部下をサポートしていただけたらと思います。

二者択一で行動しがちな女性

私が受けるご相談の中にも、人生の大きな岐路に関するものがたくさんあります。転職、結婚、出産、起業、移住などいろいろなケースがありますが、私からこっちを選んだほうがいいと勧めたりはしません。決めるのは本人なので、しっかりと話を聞いて、選択肢の整理やスケジューリングのお手伝いをします。

いつも思うのは、仕事か家庭かといった難しい選択でも、女性はこれだと決めると潔い人が多いということです。未練を少しも残さず、次の瞬間にはもう走り出しているようなイメージがあります。例えば、

「仕事第一と決めて頑張ってきたけど、いざ子どもが生まれると、なるべく一緒に過ごしたいなと思って」

と、立派な業績もあった研究職の仕事を、えいや、となげうった人もいます。本人も予期しないほどの急な決断でした。

実はこうした行動には、女性のホルモンの特徴が関係しているといいます。人の助

けになること、人の意見に賛同することで、深い満足感を得られるホルモンが分泌されるのだそうです。

アメリカの労働社会学者フィリス・モーエンが、早期退職した760人の男女についてそれぞれの理由を調査したところ、女性の過半数が家族の世話を理由に挙げたのに対し、男性のほとんどは、仕事が嫌い、または、早期退職奨励制度があったから、と回答したそうです。

また、共働き世帯の場合、子どもが病気のときに仕事を休むのは59％が女性だそうで、もし、夫に任せたとしても、女性は仕事が手につかない状態になるそうです。

女性は、自分の人生の優先順位をいつも頭の隅に置いていて、何が上位にランクされるかを考えています。

その順位は新しい出来事や気分によっても絶えず変動するので、まさかと思う人の突然の退職なども十分ありえます。

それぞれの意思は尊重すべきですが、これでは会社も大変です。

管理職の方には、女性が一つを選ぶために一つを捨てるような人生の歩み方ではなく、自分の将来のビジョンをしっかりと描けるよう、会社として期待したい役割を示すなどのサポートをしていただきたいと思います。

３年後、５年後のことを一緒に考えることで、揺れ動く心に一定の方向付けをすることが可能になるでしょう。

将来を決めてしまうということではありませんが、

「とりあえず辞めちゃえ！」

とリセットされるリスクは減らすことができると思います。

【ヒント④】

売り上げより「仕事の楽しさ」を大事にする

あるクイズ大会での光景

女性だけの宿泊研修の懇親会で、クイズ大会を開いたことがありました。一番正解の多かったチームが賞品をもらえるという流れです。10組ほどに分かれて始めたところ、5問目あたりで、だいたい勝敗が見えてきました。優勝を争うチームと、残りをどう頑張っても追い付けないチームとの差は歴然です。

ところが、そのクイズ大会は最後まで大いに盛り上がって、誰一人として退屈している様子などなかったのです。

オブザーバーとして来ていた男性がこの光景を見て、

「こういうの、男同士でやると、もう勝てないとわかったチームが、真剣に参加しなくなるのがお定まりなんだけど、女性は違いますね。点差がどれだけ開いても、最後まであきらめないところがすごい」

と感心していましたが、たぶん参加した女性たちは、〈最後まであきらめない〉という気持ちで頑張っていたわけではないと思います。

そもそも、このクイズ大会で勝つことさえ、一番の目標ではなかったはず。優勝できなくても、賞品がもらえなくても、ただ、その場を目一杯楽しみたいだけなんです。

実際、こうした男女の違いはさまざまな研究で確かめられています。

4～5歳児を比べた研究では、男児は遊び時間の50％以上を競争に費やしたのに対し、女児はわずか1％にとどまったといいます。

また、男児は勝ち負けがはっきりする遊びを、女児は順番で行う遊びを好み、かつ、その合間におしゃべりをする、といった傾向が見られたそうです。

原動力はやりがいと人間関係

このように、女性はゲームの勝ち負けなどより、楽しむことを優先します。これは仕事についても同じで、実は、会社の売り上げなどにあまり興味を示さない人が多いのです。先日もある会社の社長が、

「売り上げがアップして、会社が大きくなることが社員のみんなにとって一番うれしいことだから、いまはどんなに苦しくても、我慢して耐えてくれるだろう」

と話されていたのですが、私が見る限り、これは大抵の女性には当てはまりません。

言葉は悪いですが、売り上げなどは二の次。業績が上がってうれしくないわけではありませんが、それ以上に大事なことは、職場環境がいいかどうかなのです。

職場環境がいいとはつまり、仕事内容に〈やりがい〉を感じられること、そして〈人間関係〉が良好なこと。この両方をクリアできないと、女性はやる気をもって働くことができません。「いま」がどれだけ充実しているかが大事なのです。

女性にもっと活躍してほしいと考えている管理職の方は、このことを常に意識しな

がら部下の育成に当たると良いでしょう。

【ヒント⑤】

「流行遅れの男」が嫌い、とは限らない

服装や外見に関するテスト

いきなりですが、

□スーツやカバンをしばらく買い替えていない
□ダブルのスーツを好んで着る
□髪型を10年以上変えていない
□全般に、流行に流されるのが嫌で、これがいいと思うものをずっと愛用している

右の４項目で、あなたに当てはまるものはいくつありますか？　全部、または複数該当するという方、さらに、これの何が悪いの？　と思われた方は、要注意かもしれません。

この４項目が当てはまる人には、大きく分けて２つのタイプがあります。それは、

Ａ　周囲の目に無頓着

Ｂ　自分なりの〝こだわり〟があり、それがいいと思っている

このうち、心配なのはどちらか一方なのですが、わかりますか？

無頓着と〝こだわり〟の違い

正解はＢです。Ａの方は差し当たり問題なしです。

以上の質問とタイプは、女性の苦手な男性を服装や外見で見分けるとしたらどうなるか、という試みとして考案しました。

といっても、具体的にどのような服を着るかよりも、周囲の目を気にするかしないか、時代の変化に合わせるか合わせないか、というところにポイントをしぼっています。

では、A or Bのタイプについて、なぜ苦手とされるのか、理由を説明しましょう。根拠の一つになっているのは、以前に開いた女性座談会での会話です。どんな男性が苦手かを順番に聞いたところ、

・自分なりの〝こだわり〟が強く、自分の考えを女性やまわりに押しつける
・武勇伝を語る

などの点を、参加者全員がほぼ共通してあげていました。

そして、そういう人の外見上の特徴をまとめたのが最初の4項目です。

4項目に当てはまることが悪い、というのではなく、そのタイプがAかBか、ということです。

さて、Ａの人はなぜ問題なしなのでしょう。

これは研究者や技術者に多いタイプで、彼らは自分の専門分野に豊富な知識を持ち、夢中で取り組むかわりに、それ以外のことは気にしないという特徴があります。

当然、服や髪型など眼中にないわけです。

しかし、意外なことに、**女性は、一つのことに打ち込んですごいと思える仕事をしている人であれば、たとえ外見が流行遅れでも全然気にしない**のです。


これに対し、自分の好みをかたくなに守るＢのタイプは、ほかの面でも古い価値観にとらわれている可能性が大きいと思われます。

端的にいうと、言葉や態度に男尊女卑の考えが表れていたり、女性が意見を言うことにすら、はっきりと抵抗感を示すような人が多いようです。

女性は奥ゆかしくあってほしいという願望があり、少しでも強く発言したり、自我を出すと、苦手意識を表に出します。当然、こういうタイプに女性は反発します。

Ａのタイプも取っつきにくいかもしれませんが、女性はむしろ、自分の知らない世界を知っている、すごい!!　と尊敬の念を抱くことだってあります。
もし思い当たるという方がいたら、くれぐれもご注意を。

【ヒント⑥】

女性の会議は「気付いたら」決定している

女性は空気を読まない？

「女性はなぜ会議で不用意な発言をするのか。もう少し空気を読んでほしい」

これは、ある会社で実施したアンケートの回答にあった一文です。

記入者はもちろん男性。ほかに説明がないので、どういう経験を踏まえての意見かはわかりません。けれど、この場合の〈空気を読む〉とは何か、〈不用意な発言〉とはどんなものなのか、といろいろ気になりました。

そして、あれこれ考えるうち、ここにも何か男女の差があるのでは？　と思いました。

今度は、別の会社の営業さんたちの飲み会に参加したときの話。

時間が経つにつれ、話題は職場のグチに。どんな話なのかというと、彼らの上司は、部下の意見にあまり耳を貸さないため、会議も予定調和なものになりがちで、結局は上司の考えをみんなで共有するための場になってしまっている、とのこと。

その日の会議でも、いつも通り、上司の意見をみんなで聞き、とくに誰も意見や反論もせず終了したかと思った次の瞬間、その〝空気〟を破って発言する人物が。

視線を一身に集めて語り出したのは、紅一点のA子さん。男性陣はもちろんのこと、上司も凍り付き、その場に気まずい空気が流れたそうです。

「……だっておかしいことはおかしいって言わないと、あとで大変なのは私たちなんだよ！」

と振り返るA子さん。上司にもっと反論すべき、と、会議後の飲み会でビールのジョッキ片手に続けました。

「それに、何より自分が納得できないと仕事にならないよ。このままの姿勢で続けたら、お客さんにだって申し訳ないし」

発言が終わると、しばしの沈黙のあと、男性陣が口々に感想を言い始めました。

「よく言った！　いつも心の中で同じことを思ってるよ。でも言えないな、自分には」

「口出ししたら機嫌が悪くなってあとが面倒だろう。聞き流しておけばいいんだよ。で、飲み会でまた発散したらいいじゃないか」

「きょうの会議でもA子さん、結構攻めてたよな。いつもヒヤヒヤだよ」

「どんなに嫌でも上司は上司なんだから、みんなの前であんなこと言ったら、プライドを傷つけるだろう。少しは根回しすることも覚えたほうがいい」

どうやら、予定調和の会議でA子さんだけが〝空気を読まない〟らしいのです。

男性陣もそれぞれ思うところはあるようですが、みんな表に出すのを控えているのが会話の様子からわかりました。

男女は合意形成のしかたが違う

なぜA子さんの行動は、空気を読んでいないと受け取られるのでしょう。

男性だけの会議やミーティングに女性が交ざって発言すると、予定通りのはずの〈何か〉が壊れてしまうのではないでしょうか。誰かの意見に反論すること自体、何の問題もないはずなのですが。


私もさまざまなミーティングに参加しますが、女性が私だけというときは少し緊張します。とくに年上の方が中心だったりすると、いきなり自分からは発言しづらい雰囲気を感じます。まさに年功序列の秩序が保たれた状態です。

〝上〟からの報告や意見を〝下〟は黙って聞いて、意見を求められたら、はじめて口を開く。

「ちょっといいですか?」

なんて勇気を出して声にしてみると、中間管理職の方が心配そうに、私ではなく、トップの様子をうかがっている姿も目にしたことがあります。

男性はチームで一つの目的を達成するために、リーダーの意見や決定事項には従うもの、そして上下関係は守るべきもの、というルールを持っています。だからミーティングをスムースに運ぶことができるのです。

では、女性同士のミーティングはどうかというと、合意形成のプロセスが男性の場合とまったく違います。

話があちこちに飛ぶのは当たり前。全員がそれぞれ思ったことをぶつけ合ううち、〝気付いたら何かが決定している〟という感じです。

以前、女性中心のミーティングに参加したある男性は、終了後に、「いつ、何が決まったのかわからなかったから、改めて説明してほしい」とこっそり聞いてきました。まるで知らない世界に紛れ込んでしまったような気分だったかもしれません。

女性の多いミーティングでは、**事実やデータばかりを並べてもあまりみんなの心が動きません。その代わり、少しぐらい根拠が弱くても、共感さえできれば話はまとまります。**

チームの上下関係を気にするより、自分の価値観に合うかどうか、正しいかどうかで判断し、違うと思ったら意見を言うのが基本です。

これを言ったら相手のプライドが傷つくとか、仕事がやりづらくなるといったことはあまり意識しません。

男性的ミーティングと女性的ミーティング。

どちらか一方が正しいというわけではありませんが、これだけは言えます。今後は男性も女性も一緒に話し合う機会がますます増えていくはずです。

互いの価値観を理解し、新しい時代のミーティング作法をつくっていくときが来ているのではないでしょうか。

思ったことがどんどん言い合える効率よいミーティングは、新しいアイデアや変更に柔軟についていけるようです。

【ヒント⑦】

女性は不安な気持ちになりやすい

論理的思考でサポートを

女性の相談にのるときは、女性が話している内容を〈事実〉と、事実以外の〈憶測、感想、気持ち〉に分けていきます。

そうしないと、本人の〈悩みどころ〉を間違えてしまうからです。自分の悩みが何なのかを、自分で間違える。

——不思議なようですが、これは決して珍しくないことです。

とくに**女性は、事実と事実以外をないまぜにして悩んでしまうことがよくあります。**

仕事の話ではありませんが、わかりやすい例として、知人から恋人の浮気について相談された場合を考えてみましょう。

「先月の終わりから彼と連絡がつかない。きっと浮気だよ。どうしよう？」

と切り出されたら、どう思いますか？

前半の〈連絡がつかない〉はおそらく事実だとしても、後半はちょっと怪しいですね。単に仕事が忙しいだけかもしれませんし、ほかにやむを得ない理由があるのかもしれません。

でも、勘違いと決まったわけでもないので、さらに事情を聞く必要があります。

実際、こういう話は本人の思い込みであることが多いのです。

事実を確認しないまま、いろいろな記憶や憶測をまぜこぜにするうちに、どんどん不安がふくらんでしまう。

浮気だという証拠がどこにもなくても、そう思えて仕方がない。これは女性の思考に見られる傾向だといわれています。

もう少し詳しくいうと、**女性の思考回路の特徴は、頭の中のいろいろな情報をかき**

集め、パズルのように組み合わせて、こうに違いない、と結論を出すことです。

この情報の中には、いまの気分や昔見た景色、さらには匂いの記憶などあらゆるものが含まれ、これらをあちらこちらたどっていきながら思考が進んでいくのです。

一方、悩みや問題の解決に必要な論理的思考は、男性の脳のほうが得意です。

しかし、女性ならではのなんとなくの勘が間違っているとは言いきれないところが女性独自の強みともいえます。

女性が安心して仕事に取り組めるように、女性の勘も信じつつ論理的に考えられるようサポートしてみてください。

【ヒント⑧】

女性に差し入れ・お返し・お土産は効果絶大

評価を上げる確実な方法

みなさんは、バレンタインデーのお返し、どうしてますか?

あ、そういえば前回、忘れちゃった、という方もいるのではないでしょうか。

明らかに義理チョコなのにお返しなんて、と思われるかもしれませんが、たとえ義理チョコでも、女性はしっかりと覚えています。高価なものでなくていいですし、

「これ、みんなで食べて」

と全員分を一つで返しても大丈夫。とにかく、**お返しをしてくれたかどうか、そこが問題なのです。**

私の前職の人材派遣会社の職場で、こんなことがありました。

派遣事業部の営業担当は、定期的にクライアント先を訪問し、派遣スタッフのフォローと、担当者への挨拶、そして営業を行います。

あるとき、派遣社員に営業担当の評価アンケートを行ったところ、評価の高い人はなんと、

「これ、みなさんで召し上がってください」

と、ちょっとしたスウィーツを差し入れていたのです。派遣社員はそれをクライアント先の周囲の人たちにもおすそ分けするので、そちらからも、

「あなたのところの営業さん、いい人だね！」

などと、上々の評価をもらったようです。

同じように、営業の男性が外回りから戻るとき、内勤の女性にお土産を買ってくるだけで、評価が上がるのは間違いありません。

「あの人、意外と気が利くじゃない」

「ちゃんと私たちのこと、気遣ってくれてるんだ」

などなど、賛辞がオフィスを駆け巡ります。そして、ご馳走さまでしたの挨拶か

ら、コミュニケーションがさらに深まっていくのです。

平等に、をお忘れなく

男性のみなさんが思っている以上に、女性は差し入れやお土産をありがたく思うものです。それは、ただおいしいものが食べられるといった一過性のものではありません。

物を通して受け取った自分たちへのねぎらいの気持ちや気遣いに対して、感謝しているのです。

これまで恥ずかしさから二の足を踏んでいた人は、ぜひ実行してみてください。いつもしないことだからこそありがたいし、意外性もあるので、必ず株が上がります。ぜひ一度、実行してみてください。

なお、大事なポイントですが、**全員に平等に、ということを忘れないようにしましょう。**

なんであの人だけ？

と思うと、女性の評価は大きくマイナスに振れてしまいます。

それと、誰に渡すかも注意が必要。年長者やベテラン、または女性陣の中でキーパーソンだと思われる人なら無難でしょう。

間違っても、みんなが「かわいい」という新人の子には渡さないことです。

「要するに、あの子にあげたかったわけだ」

などと、せっかくの気配りもよからぬ方向に発展してしまいますから。

とにかく、あまり構えず、気軽に。

一度うまくいったら、次からはお土産選びが楽しくなるかもしれませんよ。

【ヒント⑨】

女性は「そういえば」と思考を広げる

「関連付け」とは

女性は感情的になりやすい、という意見をよく耳にします。

でも、それは女性だけにいえることでしょうか。

たしかに、生理前などは、女性の感情は不安定になります。人それぞれ程度の差はあるものの、誰でも何かしらの影響は出ます。

しかし、生理前や妊娠時などを別にすれば、女性が男性に比べてとくに感情的とはいえないでしょう。

男性だって、怒りっぽい人などはたくさんいます。男性の方がアドレナリンの量が多いぶん一度火がついたら大変なことに。現に、男性上司を怒らせないように、いつも顔色をうかがっている部下の声もよく聞きます。

では、女性と男性の感情のあり方には、どのような違いがあるのでしょうか。

私なりに比較検討してみたところ、一つ思い当たることがありました。それは、女性の思考回路の特徴である〈関連付け〉のメカニズムです。

〈関連付け〉とは、頭の中のある一つの記憶や感情から次々と別のイメージや出来事が派生して、それらをつなぎ合わせたり、切り離したりしながら、物事を考えることです。

女性は会話の中で突然〈そういえば〉という言葉をよく使いますが、これがまさに〈関連付け〉が行われたサイン。例えば、先日友人が、

「昼に食べた会社の近くのフランス料理がとってもおいしかったんだけど、夜だと高いのに、ランチだと1200円で……そういえば、いまやってる月曜の□□□ってドラマ、結構はまってるんだよね」

と話していましたが、このように脳内の〈関連付け〉にしただって話題が切り替わ

ります。

前後の話は全然つながっていないようですが、何かがきっかけで、フランス料理とドラマがつながったのです。よくよくたずねてみると、そのドラマは、フレンチレストランが舞台だったのです。

感情のブレの正体

このとき、フックにかかったものが過去の負の感情だったりすると、もう大変です。目の前の出来事に対して怒っているうちに、過去のさまざまな記憶や感情が重なって、さらに怒りを爆発させることもあります。

また、**ほかの人の感情にまで影響を受けてしまうのが女性の特徴で、他人の感情も自分のものとごちゃまぜになってしまいます。**

女性は男性よりも、人生で悲しみを感じる割合が3割ほど多いそうなのですが、これは、他人の感情まで、我が事のように受け止めてしまうからなのです。

しかし、以上はあくまで女性の頭の中での現象なので、周囲の男性には何が起こっているのか理解できず、結局、振り回されてしまうことになります。ネガティブなことに対してズルズルとフックがかかっていく様子は、周囲から見れば〈感情のブレ〉そのものでしょう。

このように負の感情にとらわれてしまっている女性がみなさんのところへ相談に来たとしても、何とか解決しようと積極的に関わったり、アドバイスしたりするのは避けましょう。

それより、〈関連付け〉を逆に利用して、今度はポジティブな感情にフックがかかるように仕向けることです。それさえできれば、どんどん前向きになり、感情を安定させることができるでしょう。

OK例

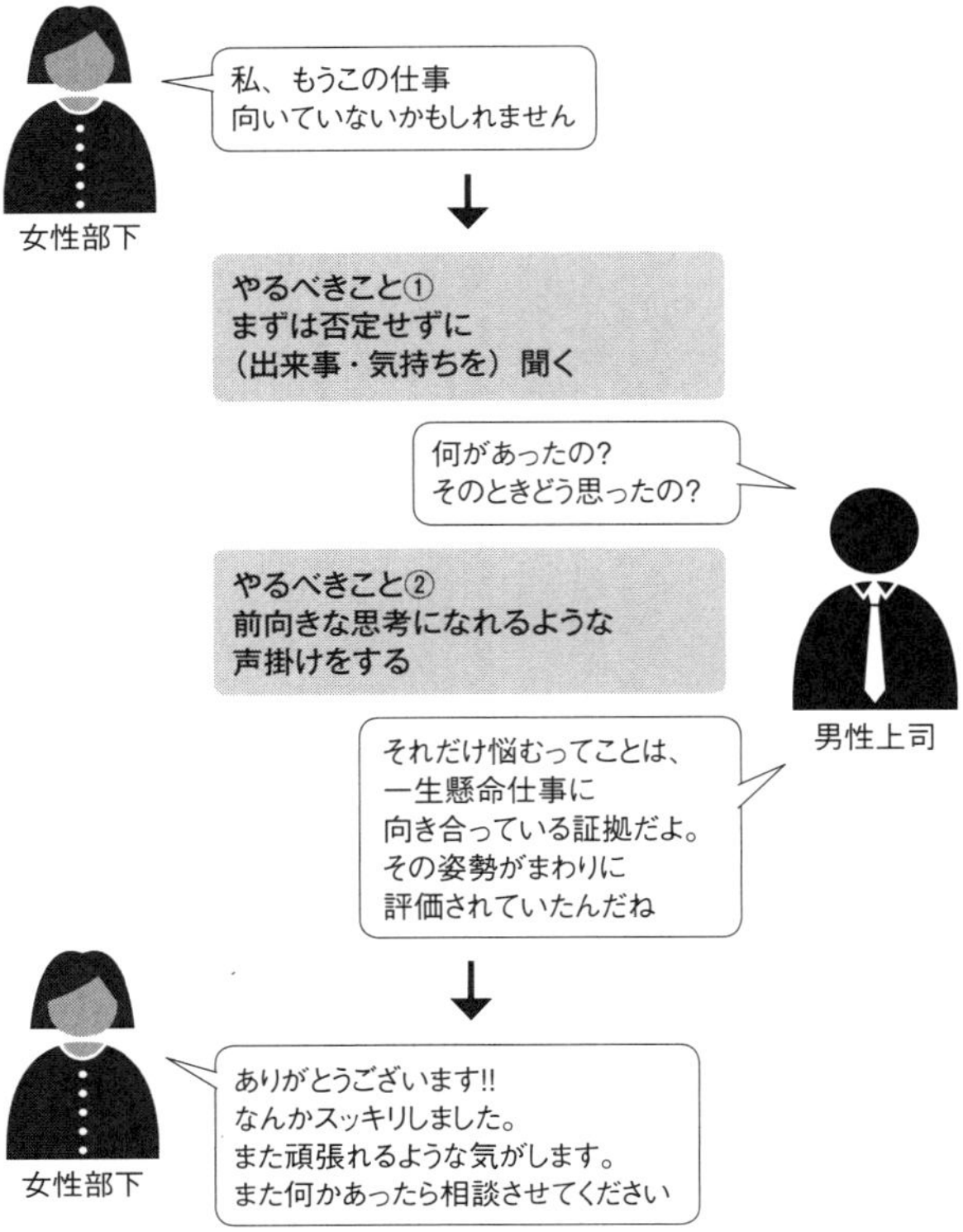
私、もうこの仕事
向いていないかもしれません
女性部下
やるべきこと①
まずは否定せずに
（出来事・気持ちを）聞く
何があったの？
そのときどう思ったの？
やるべきこと②
前向きな思考になれるような
声掛けをする
男性上司
それだけ悩むってことは、
一生懸命仕事に
向き合っている証拠だよ。
その姿勢がまわりに
評価されていたんだね
ありがとうございます!!
なんかスッキリしました。
また頑張れるような気がします。
また何かあったら相談させてください
女性部下

NG例

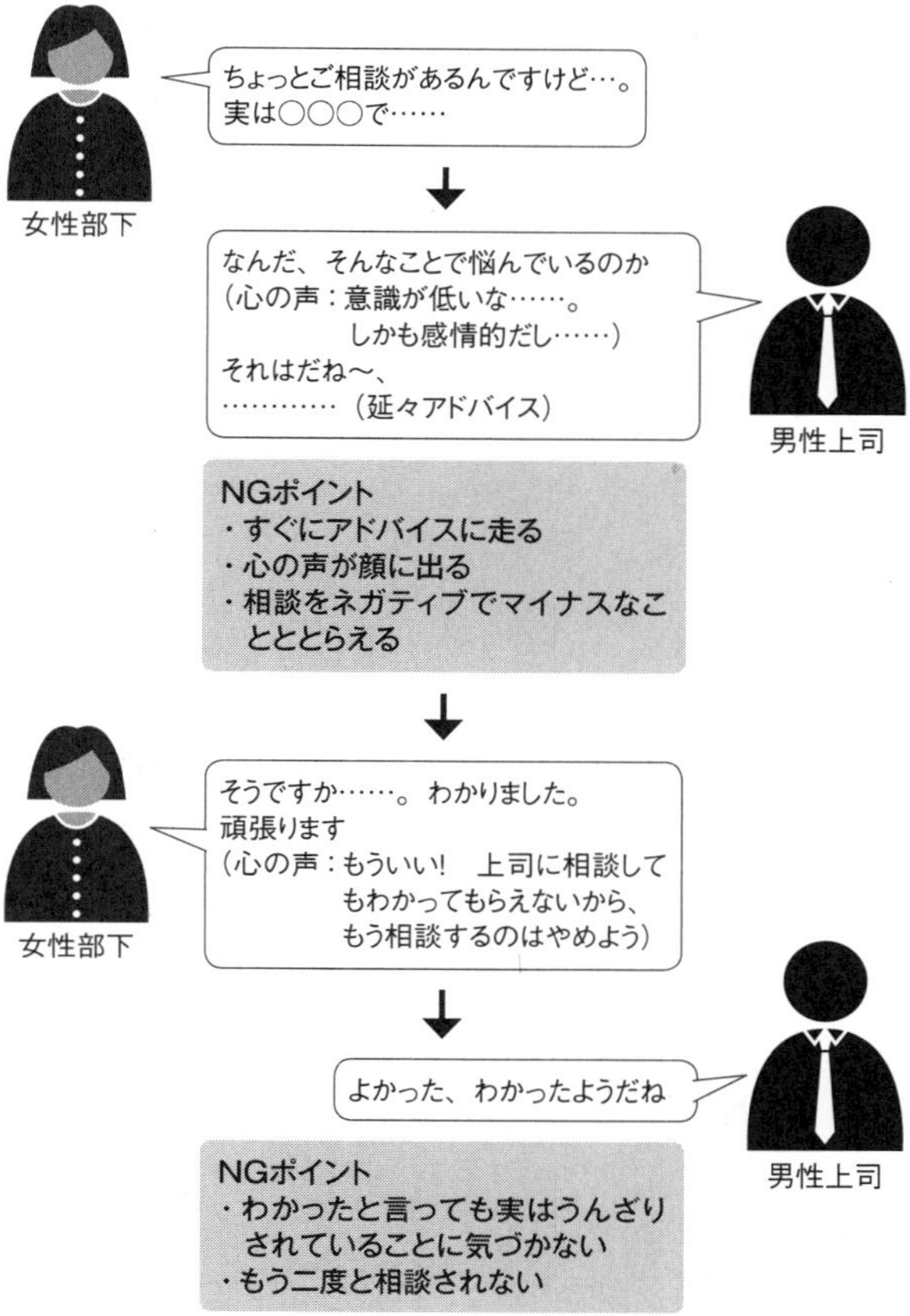
ちょっとご相談があるんですけど…。
実は○○○で……
女性部下
なんだ、そんなことで悩んでいるのか
（心の声：意識が低いな……。
しかも感情的だし……）
それはだね〜、
…………（延々アドバイス）
男性上司
NGポイント
・すぐにアドバイスに走る
・心の声が顔に出る
・相談をネガティブでマイナスなこととととらえる
そうですか……。わかりました。
頑張ります
（心の声：もういい！　上司に相談してもわかってもらえないから、もう相談するのはやめよう）
女性部下
よかった、わかったようだね
男性上司
NGポイント
・わかったと言っても実はうんざりされていることに気づかない
・もう二度と相談されない

【ヒント⑩】

「女性は管理職に向かない」は間違い

女性管理職をめぐる不幸

現在女性管理職を増やそうとする会社と女性の間で、過渡期の混乱といえる問題が生じています。

何より顕著なのは準備不足です。会社の方針として女性の中から管理職を選抜することになっても、本来必要な手順を踏んでいないことが、進展の足かせになってしまっています。とくに目立つ問題点は次の3つです。

①女性に合った評価制度がない

② 女性管理職候補への教育が行われていない
③ 男性管理職を含め、社員に意図が伝わっていない

このうち③に関しては、トップダウンで女性管理職の選抜だけを指示して、①②を含めた環境整備や、なぜこのことを行うのかについての意思統一、社員への周知などが十分に行われていないことを示しています。

実際に管理職に就いた女性が定着できずに辞めてしまうのは、これらの要素が原因と考えられます。

不幸なのは、せっかくの改革に昔ながらの年功序列を当てはめるケース。社内の女性管理職第1号を選抜するときによくあるのですが、例えば、「20年頑張っている○○さんなら年齢的にも周囲の理解を得やすいだろう」などと、ほとんど勤続年数（+年齢）だけを基準に選んでしまうのです。

私のところへ相談にみえた女性の中にも、かつて〈第1号〉で管理職に就いた方がいます。当時の気持ちを伺ってみると、

「どうして私なのかなと思いました。『長くいるから』が理由なのはわかっていますし、後輩の女性たちもみんなそういう目で見ています。でも、もともと管理職を目指していたわけではないし、そのための教育も受けていないのに急にやれと言われても、どうしたらいいのかわからないですよ。社運をかけた昇格人事だって聞いたから、いまさら（管理職を）辞めるとも言いづらいし。『いいよな、女性だっていうだけで昇格なんて』という男性たちの声も聞こえてしまって……」

本当につらそうでした。この女性はその後、ついに耐えられなくなって降格を願い出た末、会社にも居づらくなって辞めてしまいました。

会社の姿勢が試される

日本の会社のほとんどは、これまでずっと男性中心でやってきました。

そして男性のみなさんの努力で成長してきました。だから、そうした会社が組織の中核に女性を増やそうとするのは、一朝一夕にはできない大プロジェクトだと思います。

なのに、自らの準備不足は放置したままで、昇格させた女性が長く続かなかったからといって、ダメだったと結論づけるのは悲しいことです。現に、

「やっぱり、女性は管理職に向かないね」

などという冷ややかな声も聞こえてきます。

しかし、どんなプロジェクトも一度〈失敗〉のレッテルを貼られてしまうと、再挑戦が難しくなるものです。まして、女性の活躍の場を増やすことは失敗で終わりにできるほど軽い問題ではないはず。

だから、とりあえず、で始めないことも大事ですが、始めた以上は安易にやめないこと。

途中でうまくいかないことも想定しつつ、とことん継続すること。こうした姿勢がいま、個々の会社に求められていると思います。

しかし、あまり時間がないこともたしかです。この先、優秀な女性ほど、

「うちの会社には未来がない」

と見切りをつけることが考えられます。実際、そうした失望感から会社を辞めて起

業した例がたくさんあるのです。その中の一人は、

「会社組織の中で女性でもステップアップできるのなら残りたかったですが、いまの日本社会では難しいと思いました」

と、自分の決断について話していました。

今後、男性中心の縦社会から脱却できない会社は、優秀な女性の人材を失うことになるでしょう。それはすなわち、日本企業が世界の潮流から取り残されることを意味します。

そうならないために、いま何が必要か。管理職のみなさんは身近な問題としてもう一度よく考えていただけたらと思います。

第4章

「女性社員に人気の上司」がやっていること

好感度を高める心理的距離の縮め方

交流は朝のあいさつから

管理職の立場にある人（例えば、あなた）が今後、女性の活躍に期待するなら、まず女性たちとの〈心理的な距離〉を縮めることが大事です。

上司との良好な信頼関係が、女性のエネルギーを最大に引き出します。

しかし、あせりは禁物。繰り返し書いてきたように、たとえ上司と部下の間柄でも、〝上〟の言うことを黙って聞いたりしないのが女性というものです。毎日の積み重ねで信頼を得て、味方になってもらうことを目指しましょう。

とはいえ、多忙な中、いつもオフィスの隅々まで目を配ろうとしても、なかなかできるものではありません。それより、誰でも明日の朝からすぐにできて、時間がかからず、しかも非常に手軽な社内コミュニケーションの方法があります。

それは〈あいさつ〉です。

出社して自分のデスクに着くまでのひと時は、誰彼とすれ違うことが多いもの。

そんなとき、

上司「やあ、おはよう！」

部下「おはようございます」

と明るくあいさつを交わせば、それだけで1ポイント獲得です。

誰でも思い当たるでしょうが、体調が良くないとき、心配事や悩み事があるときは、自分からあいさつするのも、あいさつを返すのもおっくうだし、声や表情にも出てしまいます。相手の目を見て〈おはよう〉と一声かける一瞬だけでも、

「あれ、いつも元気な彼女が、今朝はずいぶん声が小さかったな。うつむき加減だったし……」

などと、部下の（そして自分の）コンディションを知るヒントになるかもしれません。

あいさつはただの形式張った慣習などではなく、大きな意味があるのです。

部下があいさつしづらいほど朝からむすっとしていては、部下に〈怖い上司〉という印象を与えてしまい、距離も離れるばかりですよ。

工夫した「質問」で会話を広げてみよう

毎日のあいさつは、コミュニケーションのいわば〈準備段階〉といえます。クルマをアイドリングするように、人と交流する場では感情を温めておく。いつ話しかけられても大丈夫なように、周囲の状況を観察したり、心を開いて、会う人に関心を持つことです。

そうすれば相手の話にすぐ反応できるようになるし、話しかけたり、話しかけられるタイミングを逃すこともなくなります。

あいさつは、その状態をつくり出しておく、大事な手段です。

「でも、用件もないときに何を話せばいいのかわからないよ」

と思われるかもしれません。

実際、システムエンジニアや、研究職、技術職の人、あるいはゼネコン・土木系や運輸系の仕事に携わる人などは、研修でお会いしても、みなさん女性に慣れていらっしゃらない！

社内に女性が少なく、取引先も男性ばかりの環境では仕方がないかもしれません。とにかく女性が苦手で、最小限の会話しかしないという方が多いようです。仕事中は必要なことだけを伝えて早々に切り上げるクセがついているので、

「3分、いや1分も持たないよ」

と、おっしゃる方もいます。

そんな方たちに、あいさつの次に勧めたいのは〈質問〉です。

質問？　聞くことがあれば苦労はしないよ、と顔をしかめた方、ご安心ください。オープンクエスチョンという簡単な方法があります。例をあげて説明しましょう。

いま、ランチを終えてオフィスに戻ってきた女性社員が、デスクで一息ついているとします。そういえば最近、彼女とはあまり会話がない。あなたなら、何と声をかけますか？

「お疲れさん。そういえば、この前頼んだ書類、急ぎじゃないけど、進んでるか

な?」

これは仕事に関する質問なのでもちろん問題はありませんが、コミュニケーションを広げる、という点ではややもったいない気がします。

「あ、まだ手を着けてないんです。午後からやりましょうか?」

「いや、いい。来週までで構わないから」

で終了。やはり1分に満たないですね。

オープンクエスチョンとは、イエスかノーか、白か黒かで答えられないような質問方法です。聞かれた相手は、その質問の意味をいかようにも受け取れるため、答えの幅がぐんと広がります。例えば、こんな感じです。

「最近、仕事はどう?」

「きのうの作業をやってみた感想、教えてもらえる?」

この場合、話題を〈仕事〉や〈きのうの作業〉に限定してはいますが、それについて何を質問したかは、相手の解釈に任せているのです。

だから、後者の質問であれば、聞かれた女性は、

「ちょっと疲れましたね。手順はシンプルなんですけど、数字の多いのがやっかい

で」

と、難易度について感想を話してくれるかもしれないし、

「ヘルプで□□さんが来てましたよね。あの人すごいですね！　誰も追い付けないくらい作業が速くて。しかも無表情。ロボットかと思っちゃいました！」

と、意外な人物評が飛び出すかもしれません。大事なのは、これらの返答からさらに会話をつなげていくことです。

「ロボットか（笑）。でもあいつ、そんな雰囲気あるな」

なんて展開になれば、しめたものです。

以前、ある男性管理職の方が、

「自分はシステム脳だからオープンクエスチョンよりイエスかノーで答えられる、意図が明確な質問のほうが答えやすいんだけど、一度部下に『最近どう？』って聞いてみたら、『それがですねぇ』と、相手からたくさん言葉が返ってきてびっくりしたよ」

とおっしゃっていました。

「大丈夫?」に上司の姿勢が出る

オープンクエスチョン活用の続きです。程よくあいまいな質問は会話を広げるのに有効ですが、関係構築の目的は単に相手と打ち解けることではありません。

あいさつと同様に、毎日小まめなコミュニケーションを続けることで、誰かに仕事の負荷がかかり過ぎていないか、とか、部下の間に人間関係のもつれが生じていないか、とか、みんなの様子をさりげなくリサーチすることに役立つのです。

ここで**役に立つオープンクエスチョンはもっとも短い「大丈夫?」の一言**。見るからに体調のすぐれない相手にこれを言うと、かえって鈍いと思われそうですが、使える対象は〈調子の悪い人〉に限らないんです。

ふと目に留まった誰かにニュートラルな言い方で、大丈夫? と聞いてみる。すると、例えば自分の仕事に没頭していた女性は、ひと時、手を休めることができます。

「ふー、まあ、何とか」

笑顔を確認できたらそれでOK。

「何か問題あったら、いつでも声かけてよ」

と言い残しておけば完璧です。大丈夫そうな人にも時々、大丈夫？　と投げ掛けてあげると、女性は上司の心遣いに安心するでしょう。

実際、**真面目でホスピタリティの高い女性ほど、大丈夫そうに見えて実は……ということが少なくない**んです。上司が常に門を開いているとわかれば、そのうち本心を打ち明けてくれるかもしれません。

大丈夫？　元気？　などが習慣になると、自然に女性たちをよく観察するようになります。すると、ああ、この人頑張っているな、と気付くこともあるはずです。

作業が一段落ついたタイミングを見計らって、

「毎日、遅くまでご苦労さん。それにしても、集中力すごいね」

などと、ねぎらいの言葉をかけてみてもよいでしょう。

「お、見てないようでチェックしてるんだなー」

と、喜ばれると思います。

こうした毎日の気遣いは、たった一言〈大丈夫？〉というセリフでも、女性の仕事へのリスペクトとして受け止められます。頑張っている様子を見ていること、そしてその人の強みを覚えていることがこの一言に凝縮されて伝わり、女性たちの信頼を生むのです。

ときには贈り物でコミュニケーション

第3章で触れたように、女性はプレゼントのお返しや差し入れ、お土産にとても敏感です。デスクにおすそ分けが回ってくると、

「誰から?」

と周囲に聞くのはもちろん、当の提供者が近くにいるかどうかを瞬時に察知して、

「ありがとうございます。いただきます!」

と一言。あとで、

「ご馳走さまです。おいしかったです」

も欠かしません。

そんなの男だって同じだよ、と思われるでしょうが、このあたりの礼儀に対する意識はやはり女性のほうが上。彼女たちは、何かを相手にしてもらったり、してあげることを、コミュニケーションの一環として男性よりもはるかに大事にしているので

す。

だから、ホワイトデーのお返しは〈忘れた〉では済まされない重大な仕事（？）ですし、外出や休暇のあとのお土産は、女性たちに必ずプラスのポイントとして記憶されます。贈り物の価値は、男性が考える数倍、数十倍であることをよく覚えておいてください。

「なぜ自己開示は必要か」再考

管理職はオープンな姿勢が大事だと、これまで繰り返し強調してきました。縦社会の〈権威〉に頼らず、自分の等身大のパーソナリティーを見せることで、部下との間にフラットな信頼関係を築くためでした。

この〈フラットな関係〉というものを、男性は頭では理解しても、集団の中で実践することがなかなか難しいようです。

無理もありません。会社に入ってからだけでなく、学生時代の先輩・後輩の間柄でも自然と上下の序列を意識してきたので、いま急にフラットにといわれても、簡単にはなじめない、という方も多いのでしょう。

そこで、もう一度、女性の前でオープンに振る舞うことの意味を押さえておきましょう。一番心配なのは、

「いまのままでいいや」

と思ってしまうことです。例えば、

「別に、部下にいばりたいわけではないけれど、あまり仲良くなってしまうと、厳しいことも言えなくなる。時には上司としてトップダウンの指示をしなければいけないこともあるから、ある程度、上下関係にものを言わせることになっても仕方がない」

という意見があったとします。

たしかに、会社の意思決定は基本的に上層の経営陣が行うので、社員の意に沿わない方針を、結果として〈トップダウン〉でおろさなくてはならない場面も出てくるでしょう。しかし、それは上下関係を押し付けないとできないことでしょうか？

そもそも、女性が望むフラットな人間関係は、相手にべったり寄りかかるような関係とイコールではありません。上司と友達のように仲良くなりたい、と思っているわけではありません。

それより、上司が現場の仕事を部下と同じ目線で見て、公平な基準で評価しているかどうか、あるいは結果だけでなく、日ごろの頑張りにも目を配っているかどうか、など、管理職としての〈平等さ〉こそが問われています。

では、なぜオープンであることが必要なのでしょう。それは、**女性が誰かを信用するには、その相手がまず自分のことをさらけ出してくれているかどうか、が大事**だからです。

ある中堅会社でのお話です。その企業は100人ほどの規模なのですが、ある女性社員が、新任の課長の件で困っているんです、と私のところにやってきました。

「新しい課長は、上からおりてきた仕事をすべて自分のところでストップして、下に開示してくれないんです。だから私たちは、いま、どこに向かっているのか、売り上げがどれくらいなのかもわからないですし、会社のルールが変更になっても、ギリギリにならないと教えてくれません。

理由を聞いても、君たちは知らなくてもいいことだからの一点張りです。しつこく聞くと仕方なくといった感じで話してくれますが、それもなんか建て前っぽい内容に聞こえます。

そもそも課長がどんな人なのか、ほとんど自己開示してくれないからわかりません。なんか言ってることも全部ウソっぽいんです。

だから、何を言われても、つい、本音じゃないんだろうな、と勘繰っちゃいます。ほとんど会話もないのに、この間、もっとやる気を出してほしい、なんて言われて……。いままで我慢してましたけど、あっちがオープンにしてくれないのに一方的に評価する態度が許せない！」

では一方、意識しなくてもオープンで、女性部下の信頼が厚い上司の場合はどうでしょう。これも実際にあった、女性からのお話です。

この上司は割とドジな一面も持ち合わせ、たまにだらしない一歩手前といえるくらい、失敗をすることがあります。最近もお客様との会食の席でつい酒を過ごしてしまい、気が付いたらお客様に送ってもらっていた、なんてことも。

「まったくしょうがないなあ」

と周囲の笑いの種にもなっていますが、不思議と憎めないし、好きだと公言する部下も多いそうです。とりわけ女性たちからの評判が良く、毎日のように、公私にわたる話題で会話が弾んでいます。

別に、だらしなくて隙だらけだから楽でいい、といった理由で好かれているわけではないんです。まず、大ざっぱなところもあるけれど、仕事は抜群にできる。何より、ウソをつかない。格好を付けない。誰にでも分け隔てなく接するし、部下の仕事ぶりを意外なほどよく見ている。

そして、いざとなれば、常務とやりあったこともある……などなど。こういう上司なら、女性部下に何と声をかけるでしょう。

「どう、このごろ楽しい？」

と笑顔で。この女性部下は、自分でも仕事があまりうまくいっていないと自覚しているから、

「はい、楽しくないことはないんですけど、何というか……すっきりしないんですよね」

と、心を開いた様子で、現状に対する不満を話し始めます。上司は黙ってうなずいていましたが、やがて、

「でもさ、たしかに忙しくて『いっぱいいっぱい』になってるときもあるけど、そう卑下したものでもないと思うよ。俺なんか、３年目ぐらいのときは、君の半分も働い

てなかったんじゃないかな。まあ自分で納得できないというなら、次にどうステップアップするかだね。で、相談なんだけど、さっそく来週さ……」

と、早くも次の仕事の話を始めて……。

縦社会の中では男性同士だと〈上意下達〉で話が運ぶので、ある意味スピーディーなのですが、女性が入るとそうはいきません。この人なら信頼できると思わない限り、女性は上司の言葉を受け入れられないからです。

逆に、これはと認めた相手なら、多少面倒なお願いをしても、「仕方ないなあ」と協力してくれるのです。

勇気をもって自己開示

さて、いよいよ自分をオープンにする〈自己開示〉の実践編に移りましょう。

まず、気を付けたいのは、〈自己開示〉は必ずしもとっておきのエピソードを披露することではない、ということです。

人前でしゃべるときは受けるかどうかを気にしがちですが、そんなことは二の次。

話の面白さや突飛さより、飾らない態度、正直さのほうが大事です。

そのことを前提に、一番わかりやすい〈自己開示〉の方法としてお勧めしたいのは、〈失敗談〉を話すこと。いまや長のつく立場で現場を指揮している上司なんだから、よもや失敗など、と思っている若手たちに、「いやー、うっかりしちゃってさー」と切り出すドジな出来事の話は、上司の意外な一面を見せるのに打ってつけです。

しかし、多くの男性は自分の弱い部分はできるだけ見せたくないのかもしれません。

そして、管理職ともあろう自分がもしダメな一面をさらしてしまったら、まわりの部下の信頼を失うのでは、と思われるのではないでしょうか。そのため、逆に武勇伝を語ってしまう方もいるようです。

でも、心配ご無用です。意外に思うかもしれませんが、女性はその男性が少しくらいダメ（ダメもいろいろですが）でも、すぐに頼れない人と決め付けたりはしません。

むしろ、**ダメな部分を隠せると思うのが間違いです。女性の観察眼を甘くみてはい**

けません。隠そうとすればするほど、「あらら、丸わかりなんだけどな」と簡単に見破ります。だから、勇気をもってダメ宣言を。

「字がヘタなのがコンプレックスでね。こっそりペン習字の通信教育を受けたんだけど……えっ、あの字でって？　失礼な！」

「部長に怒られちゃったよー。僕だって頑張ってるのになー。ま、いいや、気にしない気にしない！」

話の内容は、失敗談や、自分のいまの悩み、後悔していること……など、何だっていいんです。きっと、あなたを見る目が変わりますよ。

〝上の人〟にも堂々と意見を

〈自己開示〉と並んで、〈女性に人気の上司〉の一番の条件といえるのが、**相手によって態度を変えないこと**です。職場に、上司のさらに〝上〟に当たる部長の一人が訪ねてきたとしましょう。

部長「やあ、〇〇君（上司の名前）、いま少しいい？」

課長「ええ、会議室、使いますか？」
部長「うーん、それほどのことでもないんだけどね」
　二人は窓際へ行って立ち話を始めました。部下にもこの会話が聞こえています。
部長「○○君のところでさ、もう3人ばかり頼めないかな？」
課長「まだ足りませんか。でも部長、うちはすでに5人出してますよ。二課とバランスがとれませんよ」
部長「それはそうだけど……。何とかならないかな」
課長「どうして二課に頼まないんです？」
部長「□□君（二課の課長）はこういう催しが嫌いでね。話がしづらいんだよ」
課長「部長、それはいけませんよ。いまでさえ、うちの課で『不公平だ』って声が出てるんです。何なら、私から□□課長に話してみましょうか」
部長「ああ、そうしてもらえるかな。助かるよ」
　以上の会話からうかがえるのは、○○課長と部長との関係性です。課長は上役に気を使いつつも、言うべきところはちゃんと主張しています。この会話の様子から、課長がただぺこぺこ頭を下げる人でないことはわかります。

実際にこのような姿勢の管理職の方にお会いする機会がありますが、部下に対しても決して高圧的にならず、一人ひとりに同じ態度で接するので、課内に信望があります。

また、定例の部課長会議では積極的に発言することで知られ、課内で部下から挙がった意見も代弁するだけでなく、**「これは△△さんの意見なのですが」とさりげなく部下のアピールもしてくれます。**

……どうでしょう。○○課長が部下に信頼されている理由、伝わりましたか？

こういう人物は、実は縦社会の中にあっても高く評価されます。

先日、ある上場企業の社長からこっそり聞いた話ですが、

「経営者だってバカじゃない。イエスマンではないか、ちゃんと自分の意見を会社のことを考えつつ発言できているか見ているんだよ。そういう人を将来の幹部として考えているよ。しかし、なぜかイエスマン、上の言いなりなら幹部になれると勘違いしている男性も多くてね……」

部下とフラットに接しつつ、上層部に対しても堂々と発言する。

こんな上司なら、男女を問わず部下がついてくるのは当然といえるでしょう。

POINT
女性社員との上手な距離の縮め方

・「おはよう」は毎日欠かさない
・オープンクエスチョンを活用
・元気な人にもときどき「大丈夫？」の一言を
・ホワイトデーには必ずお返しを
・自己開示は信頼を生む。飾らない失敗談から始めよう
・相手が部下でも自分の上役でも、態度を変えないこと

頼りになる！　と思われる話の聞き方

女性のアイデアを実現しよう

まず、女性の意見にもっと耳を傾けましょう。

第2・第3章で触れたように、女性の話はともすれば、とりとめのないものになりがちです。男性から見るとまとまりがない、結論がわかりにくい話でも、女性同士なら多くの場合、〈共感〉によって理解し合えます。

でも、これを誰にでもわかりやすいものにするために、男性の得意とする〈論理〉でお手伝いしていただけたら、と思います。

女性の意見を聞く上で注意したいポイントは次の4点です。

① 話が論理的でなくても、否定せずに聞く
② わからないところは質問し、埋めていく
③ 要するに、と要点をまとめて本人にフィードバックする
④ 良いアイデアは、実現するよう支援する

順を追って見ていきましょう。

まず①。話にまとまりがなくても、途中でさえぎって軌道修正しようとしたり、

「結局、何が言いたいの？」

と、結論を急かせたりしないことです。

男女の脳の違いから、女性の話は筋道が立っていないと思えることもありますが、このとき、女性は男性とは異なる思考回路で考えています。**さえぎったりすると「この上司は、私の話を受けとめてくれない人だ。怖いからもう意見は言えない」と二度と意見が出てこなくなります。**

多少、時間がかかっても最後まで意見を聞き、わからない点はメモしておきます。

そして②へ。論理的な観点から見て、

「ここの話とここの話がどうつながるのか」

「なぜそう思ったのか」

など、さっきのメモをもとに質問し、疑問を一つひとつ解いていきます。

この手順なら、女性もひと通り話したあとなので、自分の出した意見を客観的に見ることができ、整理がスムースに運ぶようになります。言葉の定義があいまいなときは、相手のとらえる意味が自分と同じか確認しつつ、論理の空白を埋めるようにすると良いでしょう。
③は、②で整理した意見から要点を取り出し、相手の女性に伝えることです。こうすることで、女性は自分の頭の中にあった意見が言葉できちんと表現されているかを確認し、間違っている点や足りない点を修正・補足することができます。
この①から③のプロセスを意見のあるたびに繰り返せば、自分の意見を論理的に再構築する経験を積み、スキルを高められます。

公平な観点から、良いと思った女性のアイデアは④の通り、実現を後押ししましょう。自分のアイデアが実現すれば女性にとって大きな喜びであり、今後また意見を出すときの励みになります。

女性の意見を聞く
4 STEP

1.　話が論理的でなくても、否定せずに聞く
↓
2.　わからないことは質問し、埋めていく
↓
3.　要するに、と要点をまとめて本人にフィードバックする
↓
4.　良いアイデアは、実現するよう支援する

悩みからの立ち直りを手伝う

女性が仕事やプライベートの悩みを抱えているとき、上司としては、まず〈聞き手〉に徹するのが基本です。

緊急に対処しなければいけない問題でない限り、最初からこうしなさいとアドバイスする必要はありません。

途中であまり口を挟まず、相づちを打ちながら、話を聞くようにします。しかし、男性のみなさんの中には、

「女性の話をずっと聞いているのは苦痛」

とおっしゃる方も多いはずです。

そんなときは、内容に疑問を感じても、差し当たり聞き流すくらいでいいでしょう。

実は私も女性の相談に乗るとき、聞き流しても大丈夫なところは、聞き流すようにしています。

女性は、まずはすべて心の中にあるものを外に出し、すっきりしたい、と思ってい

るのです。話の内容すべてを解決してほしいのではないので、まずは話しやすいように、合いの手を入れるくらいのつもりで大丈夫です。

女性の話が一段落しても、その問題について直接の解決策を考えるのは後回しです。

ここで大事なのは、女性から見て、上司が自分と〈同じ目線〉に立っていると実感できるようにすること。まずは女性が何でも話せるように、安心感を与えることに努めてください。

重要なのは、上司が、

「こう考えたらいいと思う」

と、アドバイスするのではなく、女性が安心の中でしゃべりながら、自分自身で立ち直りへの糸口を探し始めることです。

なおそのとき、間違っても、上司は成功談を語ってはいけません。うまくいった話では逆効果。例えばこんな感じはNGです。

「そんなことで悩むなんて、時間がもったいないぞ。私なんてそんなときは、自分でモチベーションをコントロールして、前向きになるようにしているよ。やっぱり精神面が強いってことが大事だよ。そういえば、私は学生のころ、剣道をやってたんだ。だから、精神面は鍛えられている。○○さんも何かやったほうがいいよ。そうすれば……」

きっとこの女性部下は、

「受けとめてもらう前に説教された。もうこれ以上言ってもわかってもらえない」

「もうこの人には相談しない」

と、そっと心に誓うことでしょう。

さて、次に、女性の思考には第3章で説明したように、自分の過去の感情や出来事を〈関連付け〉して考えるメカニズムがあるので、上司はこれを利用して、女性の頭の中にあるポジティブな記憶や感情に〝フックがかかる〟よう、手助けをします。

〈関連付け〉を生かすには、女性の成功体験を思い出してもらうと良いでしょう。うれしかった記憶を再生しようとすることで、落ち込んだ気分がポジティブなほうへ徐々にシフトし、やがて、

「そういえば、あんなこともあったな。あのときはうれしかった」

と、自分にとって良い記憶に次々とフックがかかり出します。

こうなれば、もう上司の手助けは終了です。そこからは自分だけで、ぐんぐんと前向きになっていきます。

そして、最後に、将来について話してもらいます。

こんな風に聞いてみてください。

「いまの状況がどうなったら解決したことになるの？」

回答はどんなものでも構いません。

たとえ現実離れしていても、否定せずに聞いてあげてください。大抵は本人も現実離れした話だと自覚しています。また、外的な事柄、例えば、

「もっと会社がこんなことをしてくれたら」

といったことを条件に挙げる人もいるでしょう。そんな時も、

「意識が低いなあ！」

なんて思って顔に出したら、せっかく良いところまで来ているのに、一気に心を閉ざしてしまいます。まずはどんな発言も差し当たり、受け入れてください。

次に希望が見えてきたと思ったら、それを実現するにはどうすればいいのか、今度

は上司も一緒に考えましょう。実現するための条件が、本人以外（例えば会社や同僚、上司など）の関係に依存している場合は、

「それもたしかにそうだけど、もし自分で解決できる範囲のことを何か挙げるとしたら？」

と受け入れつつ、質問してみましょう。

もちろん実行するのは本人ですが、上司もサポートできるところは請け合うと約束すれば、安心してチャレンジするでしょう。

以上をまとめると、まず安心させること。

次に、ポジティブな感情を取り戻してもらうこと。

そして最後に、問題に向き合うこと、です。

実際、個別相談でも、こんなパターンで解決することがよくあります。みなさんもぜひ、参考にしてみてください。

POINT

女性に信頼される聞き方

・女性の意見に論理性を加える手助けを
・女性の良いアイデアがあれば、実現させる
・悩みの解決は、安心↓ポジティブな感情への移行↓問題に向き合う、の順で

女性に感謝される！「育て導く」方法

女性管理職に時間的な配慮を

女性の管理職が少ない企業は、登用のための取り組みをされていると思いますが、これから女性が管理職としてもっと活躍するために、いま職場の何を変えるべきか、要点をまとめてみました（これは、男性管理職のみなさんにぜひご協力をお願いしたいことでもあります）。

先日、あるシステム会社で、将来の管理職候補と期待されている女性リーダーたちに集まってもらい、ヒアリングを実施しました。管理職になる上で障害になっていることをたずねたところ、次の３つのポイントが浮かび上がってきました。

①残業など、仕事の質のほかに、量も多い
②大事なミーティングが夕方から実施される
③自分に自信が持てない

まず①は、いまの日本のマネジメントスタイルが、プレーイングマネジャー、つまり部下と一緒に〝汗をかいてなんぼ〟のスタイルだという指摘です。これでは体力的にも、時間的にも難しいと女性たちは考えています。

とくに②は家庭を持つ女性にとっては酷な条件といえます。その企業の場合、ミーティングが夕方に集中しがちなのは、経営陣や他部署の都合に合わせて時間を設定しているためです。

お子さんがいらっしゃる女性は、保育園へのおむかえなどで残れないため、大事な会議だとわかっているから出たいけれど、物理的に難しい、といった状況に立たされます。自分のいないところで大事なことが決まったり、出席しないことで評価が下がるようでは困る、というのが彼女たちの意見です。

③は個人に関わる問題。自分は管理職としての責任を負えるだろうかと不安に思っ

ている方や、まだそこまでのスキルに到達していないのではないかと感じている方（実際にはスキルが高い方でも）などがいらっしゃいました。

全体を通して、いつかは管理職の仕事にトライしたい、でも、実行するには不安が大きい、というホンネがうかがえました。

また、右の３つの事情のほかに、彼女たちが思い切って踏み込めない理由があるとすれば、目標にしたいような女性管理職のモデルケースが、あまり見当たらないということが挙げられます。

いま活躍中の女性管理職は、男性と肩を並べてバリバリ働く女性ばかり。残業もいとわないし、何よりも仕事を優先する姿勢に対しては、あそこまで求められたら自分には難しい、というのが率直な感想のようです。

実際、現役の女性管理職の方たちは、長年、男性と同等以上の努力を重ね、家庭も犠牲にしながら、膨大な時間を会社の仕事に費やしてきました。

そうまでしないと、男性中心の社会で認められなかった、とおっしゃる声もお聞きしたことがあります。

女性管理職を増やすための環境整備で大事なことは、ワークライフバランス（ＷＬ

Ｂ）を考えた時間的な配慮がどれだけできるか、ということだと思います。
これには業務全体の見直しが必要で、会社をあげた取り組みが欠かせないでしょう。道のりは平坦ではありませんが、諦めずに一歩ずつ前に進んでいくしかないのではないでしょうか。

というのも、今後は育児以上に介護問題のほうが大きく、これは男性の、とくにちょうど管理職として脂が乗った人たちにも関わる問題だからです。

「褒める」は何度でも具体的に

褒めること、叱ることは部下の指導育成の基本ですが、女性に対しては、少し工夫が必要です。まず、褒め方から。

女性を褒めるときは積極的に、具体的に言葉をかけてあげましょう。

よく、部下は褒めないことにしている、という管理職の方がいます。理由をたずねると、

「言わなくても、認めているのはわかっていると思うから」

さらに、

「褒めると調子に乗るから」

という答え。男性同士なら、これで良いのかもしれません。

しかし、女性の場合は、認めていることをもっと言葉に表してほしいと思います。なぜなら、女性は自分のことを極端に過小評価しがちだからです。

インポスター症候群という言葉をご存知でしょうか。社会的な成功を収めた女性にも見られる症状で、自分の成功を自分で認められない、ただ運が良かったに過ぎないと考えてしまう状態を指します。

自分の地位が実力によるものではないと、いつかみんなに知られてしまう日が来るのではないか——こんな不安を抱えていることから、インポスター（詐欺師）という変わった呼び名が付いています。

この話を女性管理職の方たちにすると、みなさん、わかるわかるとおっしゃいます。誰もが認める業績をあげていても、本人は自信を持てない。だから努力し続けられる、ともいえますが、とにかく謙遜しがちなんです。

女性は、褒めるに値する優秀な人ほど、いくら褒められても調子に乗ったりはしません。

そのとき、具体的に、何がどう良かったのかを説明すること、そして、次も期待していると言い添えることも忘れずに。

「叱る」は改善への一段階

私がたまに行くお好み焼き屋さんがあるのですが、スタッフの人たちがみなさん感じが良く、気が利きます。そして何より、楽しそうに働いているんです。

スタッフに直接そのことを伝えると、どうやらどのスタッフも社長のことを尊敬しているることがわかりました。

よくよく聞いてみたら、この社長、何とニューハーフで、叱るときも褒めるときも、気持ちをわかって、そして具体的に何がダメなのかを言ってくれるので、納得感もありモチベーションが上がるんだそうです。

そこで、いつも社長とどんなやり取りをしているのか、詳しく聞いてみました。社長はまず、スタッフができていないことを具体的に注意するといいます。

あいさつの仕方、お客様への目の配り方、注文の取り方、配膳の仕方、などなどです。そのとき、なぜいまのやり方ではダメなのか、理由も必ず説明する。そして、スタッフがなるほどと思った段階で、

「じゃあ、どうしたらいいと思う?」

と、意見を聞いてくるそうです。いいからこうしなさい、ではないんですね。

そして、スタッフが自分の考えを提案すると、

「とりあえず、その方法でやってごらん」

と、実行をうながすのです。さらに後日、スタッフは自分なりの方法でやってみた結果を社長に報告。変えられたと思うこと、うまくいかなかったことなどを話すと、それに対して社長がアドバイスをくれるそうです。

社長が叱ったことをスタッフが直してみて、それでうまくいったことがあれば、必ず気付いて褒めてくれるのだとか。

この一連の流れ、社長本人はご存じかどうかわかりませんが、ビジネスの基本であるＰＤＣＡ（Ｐｌａｎ：計画→Ｄｏ：実行→Ｃｈｅｃｋ：検証→Ａｃｔｉｏｎ：改善）のサイクルがちゃんと入っています。見事ですね。

単に褒める、叱るではなくて、スタッフの気持ちをリードする手順があって、それぞれのタイミングでしっかり会話すること、これが大事なんだと改めて感じました。

実は、**なでしこジャパンの佐々木監督も、選手を叱ったり選手選抜をするときは必ず「なぜか」という理由をしっかり伝える**そうです。

男性はもちろんですが、女性はとくに、一つひとつ、腹に落ちないと前に進みづらいものです。納得のいかないことで怒られた、となると、その状態をいつまでも引きずって、次の仕事でも良い成果が出せなくなります。

そして、どんどん自信がなくなり、上司との心の距離が離れ、やがて避けるようになるのです。

いさかいの解決は本人たちに任せる

「同じ部署の女性二人の仲が、あまり良くないみたいなんです。うわべの会話しかしていないようだし、お互い遠慮もあるらしい。でも、男の自分が注意したら、かえってこじれてしまう気がして、ついそのままにしています。上司として、どうしたらいいでしょうか？」

　こんなご相談が男性管理職からあった場合、みなさんならどうアドバイスしますか？

①放っておく
②二人を別々に、もう一方に知られないように呼んで話す
③二人を同時に呼んで話す

　実際の研修でも、このお題をもとに、男性管理職の方に考えていただいています。一番多い答えは②で、ホンネは①だけど、それじゃダメなんだよね？　とコメント付きでおっしゃる方もいます。

　正解は……③です。おわかりになりましたか？

　なぜ②が良くないかというと、女性同士のうわさはあっという間に広まるからです。黙ってて、と口止めしても、「実はね……」とか「ここだけの話だけど」などと仲間に打ち明けて、話を共有したりします。一人に言ったら全員に伝わりますし、そ

の内容も本人の解釈が入ったものになります。

個別にすると、上司が二人それぞれに異なる態度で接したと疑われるリスクが生じます。

同じことを言ったつもりでも、受け取る側の解釈の仕方でいかようにでも変わってしまい、それがうわさに乗ることで事実のようになってしまうからです。

もし、上司が一方の肩を持った、などという話になったら、あとが大変です。

では、③はどうでしょう。双方を呼んで、3人で話し合う場をつくるわけです。このとき、上司はどう関わるべきかですが、大きく分けて二つの方法があると思います。一つはいきなり、

「君たち、何かギクシャクしているように見えるけど、実際のところはどうなの？」

と、ぶつける方法。もう一つは、本題はひとまず伏せて、

「今後のために、役割分担と得意分野を見直したいから、しっかり話し合ってみよう」

と、司会進行をする方法です。また、これら二つの方法をミックスして、うまくいったという方もいます。その方は二人を前に、

「最近、うちの部署の様子をはたから見ていると、どうも何かがうまくいっていない気がするんだ。今後について、何が足りないのか一緒に考えてみよう」

と伝えたそうです。1時間ほど話し合った結果、出てきた答えは何と〈二人の連携〉だったといいます。

たしかに翌日、その会社を訪問したら、何か雰囲気が変わったなと感じました。二人はお互いに少しはにかみながら、でも同志として協力し始めたのです。

上司は仕事の課題をあたえ、話し合う〈場〉を設定するだけで十分。仲良くするために、は考えなくて大丈夫です。

POINT 上手な女性の育て方・導き方

- 女性は自分を過小評価しがち。何度でもしっかり褒めよう
- 叱ったあとは、自主的な改善をうながし、その後の検証も含めしっかり会話する
- 女性同士の不仲やいさかいは、仕事の課題をあたえ、話し合う場を設けて本人たちに考えさせる

仕事と私生活のバランスの取り方

時短中のサポートはみんなと協議

妊娠中や育児で時短勤務をしている女性がいると、上司としては気を使いますよね。

ただ、心身にどれくらい負担があるかは当の本人にしかわかりませんから、仕事の割り当てやフォローの仕方も手探りになりがちです。無理があってはいけないと思うあまり、つい過剰になることも。

「彼女が帰ったあとの仕事を、当たり前のように全部こっちへ回すってどういうこと？」

これは周囲の女性の声。上司の配慮はわかるけれど、まわりのことも考えてほしい、という訴えです。

「そう言われてもなー」

とこぼす、上司の困った顔が目に浮かびます。

女性同士、お互い様なんだからそれくらい我慢してくれてもいいのに、と思っていませんか？

でも、このまま放置しておけば女性陣のチームワークはますます悪くなる一方でしょう。

それと、さらにデリケートな問題は、最近、密かに不妊治療を受けている女性が増えていること。心から子どもが欲しいと願ってつらい治療を続けている中、お子さんのいる人の仕事が自分に押し付けられている、というケースもあるのです。そんな方の気持ちを考えると、

「いずれ君たちも子どもを産むんだろうから、助けてあげて」

なんて言えませんよね。

また、妊娠中の女性の側でも、上司の気遣いが裏目に出たりします。

「勝手に私を仕事から外したんです。戦力外って言われたようなもの。もうショック

で」

「時短を使わせてもらっているぶん、いつもみんなには申し訳ないって思って、居心地が悪いんです」

これでは、上司の苦悩は深まるばかりです。一体、どうすればいいのでしょう？

実は、それほど難しいことではありません。わからないのなら、本人たちに聞いてしまえばいいのです。

まず、妊娠中の女性には、仕事をどの程度まで任せても大丈夫か、本当のところをたずねます。

「自分としては、体調に響かない範囲で、これまで通りの仕事をお願いしたいと思っているんだけど、どうだろう？」

と、こんな感じです。妊娠中といっても状態は人それぞれなので、残業も平気という人もいれば、とても仕事にならない、という人もいます。男性としては聞きづらいかもしれませんが、手探りで判断するほうが失敗を招きます。ぜひ聞いてください。

そして、チームの同僚の女性たちには、まず上司から状況を説明したあと、妊娠中の女性の口からも、サポートしてほしいことをみんなにお願いするようにします。また、その際妊娠中の女性には、時間で返せない分、何ができるか考えさせることも大事。

部署内に妊娠した人が出た場合、その人も一緒の場を設けチームとしてどうするのかを一緒に考えること。これがポイントです。

仕事以外の悩みは「キャリア面談」で

結婚や育児の見通しがたたないうちは、キャリアデザインまで考えがまわらない、という女性はたくさんいます。

「プライベートはプライベート、仕事は仕事で切り離して考えたらいいじゃないか」と、男性なら思うところかもしれません。でも、この悩み、共感する女性が多いのです。

現代の女性はますます、一生働くつもりでキャリアを積むようになってきています。

その一方で、プライベートとの両立をめぐる悩みも増えてきました。いままで相談を受けた事例からいくつか紹介すると……。

・「子どもをいつ産んだらいいのかわからないんです。出産でブランクができると、その先うまく仕事と両立できるか不安だし、できたとしても働く時間は子どものいないときより少なくなる。だから、それまでにある程度の結果を残さないといけない気もするし……」

・「子どもは欲しいけど、いまの会社には育児と仕事を両立している女性のモデルケースがないんです。子どもがいないうちに、子育てしやすい環境の会社や職業に移ったほうがいいんでしょうか?」

・「会社組織にいると、いずれはマネジャーとして責任を担わなくちゃいけないですよね?　でも、いまその立場の人たちを見てると、みんな残業、残業で大変そうなんです。プライベートとのバランスを考えると、自分には難しいかも……」

どの女性も仕事のやる気はあるのですが、プライベートと両立できるかどうかがわからず、不安なんですね。とくに20代から30代半ばの未婚女性は揺れています。

こういうホンネは、上司との面談ではあまり出てこないのではないかと思います。なぜなら「言っても理解してもらえない」とか「くだらないことで悩んでいると思われたくない」とか、そんな風に思っているからです。

仕事以外の悩みや不安も、上司がある程度受け止め、理解してくれたら、女性はとても心強いと思います。

しかし、男性の側にも言い分があるでしょう。いまの世の中、女性部下のプライベートのことに立ち入ると、セクハラと言われかねない、と。

上司としては本当のところを知りたいけれど、聞きづらい。

それなら、聞き方を工夫しましょう。本題をズバッとたずねるのではなく、女性が自分から話せるように仕向けるのです。ポイントは次の通り。

① 評価面談とは別の時期に〈キャリア面談〉を行う。事前に、評価の場ではないことを伝えておく

② キャリア面談では、結婚はしたいの？　とか、子どもは欲しい？　とか、具体的なことは聞かない。代わりに、例えば、

「いまの仕事で、プライベートとの両立の障害になっていることがあれば、教えて」

「これからの人生をどうしたいと考えているの？」

など、オープンクエスチョンを使う。


以上を押さえて実行すれば、女性のライフプランをある程度知ることができ、仕事の割り当てもしやすくなりますし、何よりも、ライフイベントを乗り越え、失速せずに活躍し続ける一助となるでしょう。

男性にもＷＬＢ（ワークライフバランス）の配慮を

最近、ある30代前半の男性から、

「上司に一度、『子どもが熱を出したので帰らせてほしい』と言ったら露骨に嫌な顔をされたので、それ以来、同じようなことがあっても言い出しにくいんです。うちは共働きなので、いつも妻の負担が増えるのが申し訳なくて」

という話を聞きました。

また、自分でも、男なのにそんな理由で帰りたいなんて言えない、と思ってしまうそうです。こういったことから、子どもや家庭の事情で何かあるたび、奥さんに負担がかかってしまうようです。

実は、育児中の女性の早退や時短が減らない理由は、男性の長時間労働にあったのです。

少し前まで、男性が家庭のために仕事を犠牲にするなんて、考えられないことでした。しかし、今日では〈イクメン〉という言葉もあるくらい、若い男性を中心に、育児や家事も分担するのが当たり前と考えるようになってきています。

したがって、若い男性は、プライベートの用事を理由に仕事を休んだり、早退したりすることに罪悪感がなくなってきているのです。

女性の側も、とくに20代から30代前半の人たちは、男性が育児に協力的であることをヘンだとは思っていませんし、日ごろしっかりと仕事をしている限り、男性が家族の事情で会社を休むことにも寛容です。一番の悩みは、男性管理職の目だとか。

オン・オフを巧みに切り替え、その両方を充実させたい。そんな価値観を持つ若い男女を理解してうまく育てることが、今後、管理職にとって大きな課題となるでしょう。

過去の規範を押し付けず、時代に合った働き方を支援する。それでいて、仕事はきっちり指導してくれる。そんな上司が人気を集めるはずです。

POINT ワークライフバランス配慮のコツ

・妊娠中や育児中の女性の状態は人それぞれ。どれくらい仕事を任せられるか、本人に必ず聞く
・定期的にキャリア面談の場を設け、結婚や育児など、プライベートの悩みや不安について話してもらう
・若い男性は女性と価値観が近いので、今後は男性のワークライフバランスにも配慮する必要がある

知るだけで確実に差が出る！　タイプ別接し方

〈そこそこ〉さんと〈バリバリ〉さん

ここからは仕事に対するスタンスや性格、年齢層などによって女性を分類し、それぞれのタイプについて、上司としての接し方を考えていきます。

始める前に、タイプ分けに使用している〈そこそこ〉〈バリバリ〉の意味を簡単に説明しておきます。

これはもともと「日経ウーマン」誌が編み出したキーワードで、ほかの雑誌にもたびたび出てくるもの。いまの働く女性の実態にとてもしっくりする言葉だったので、私も使わせていただいています。

〈そこそこ〉さんは、いまのままで十分、と思っている人です。もちろん、大満足ではないけれど、これ以上のスキルアップは望んでいないし、どちらかと言えば、日々がそこそこ充実していれば不満はありません。

ただ、たまに自分の未来のことを考えると、このままでいいんだろうか、と不安になることも。

こうなりたい！　といった強いものがないため、周囲の環境変化や人間関係次第でモチベーションのアップダウンが激しくなります。新しいことにチャレンジしたい、変化したい、と思うこともあるものの、一歩が踏み出せません。

また、給料に関しても、満足はしていないものの、昇給する代わりに責任ある仕事が増え過ぎるくらいなら、いまのままでもいいと思っています。

目の前の仕事にはちゃんと取り組むし、ミスも少ない。仕事の覚えも早く、頭の回転も速い。お客様からも感じがいいね、と評価されています。

男性管理職にとっては「やっかいだな」と思うタイプかもしれません。

というのも、仕事は出来るのに、それ以上は求めていない、今後の目標設定はこのままでいいと本人は言うけれど、だからといってそういうわけにもいかないし……となるからです。

しかも、実は上司のほうが仕事の要領が悪く、〈そこそこ〉さんに正論で詰められるとタジタジとなってしまう、なんていうケースも少なくありません。

〈バリバリ〉さんは、仕事に対して、私はこれでやっていく！　と腹をくくっていま す。自分のやりがいが何かをよくわかっているので、悩みも具体的。困難に対しても、逃げずに何とか乗り越えようとします。

しかし、〈バリバリ〉さんの中には、腹をくくるまでに、少し時間が必要な人もいます。若手の〈バリバリ〉さん候補によく見られる傾向ですが、やる気が先走り、猪突猛進、周囲に対して刺々《とげとげ》しくなってしまったり、自分が思ったような結果が出せないと、モチベーションが下がってなかなか這い上がれなかったり。また、細かいことを見落として、周囲を巻き込むような大きな失敗をしてしまったりします。

上昇志向が強いぶん、人と自分を比べて自信をなくすことも多いですし、仕事の出来る〈そこそこ〉さんがマイペースに仕事をしているとイライラしてしまう、という方もいらっしゃいました。

それでは、〈そこそこ〉さんと〈バリバリ〉さんをベースに、女性のタイプ別の特徴と接し方を考えてみましょう。

A　まだ未来が見えない「お悩み女子」

特徴

20代全般。就職活動のとき、進路の方向を何となく決めてしまい、内定がなかなかもらえなかったため、採用してくれたから、といった理由でいまの会社に入りました。

将来どうなるかわからないので、とりあえず一般職や、事務職ならいいか、という気持ちもあります。いまでも、どんな仕事がしたいのかはっきりしていないし、プライベートも未来のダンナさん次第と思っています。

接し方

仕事をずっと続けたいけれど、結婚したら、家庭を優先するかもしれない。でも、結婚もまだ決まっていないし……と、漠然と悩んでいる人です。

20代はいろいろなことを吸収し、実績をつくる一方、まだ失敗も許される貴重な年代。上司がきちんと向き合って期待をかければ、それに応えようと努力する人も多いはずです。

まだ親と自分の価値観の境目がわからないので、自分がどうしたいのか、じっくりと考えさせる必要があります。職場で少しずつチャンスを与え、自信をつけさせること。

そして、将来にも期待していると常にメッセージを送ることで、仕事に対して徐々に真剣に向き合えるようになるでしょう。

まだ〝自分〟がないぶん、可能性に〝天井〟を設けなければ、いくらでも伸びしろがあると思います。

上司が勝手に天井をつくってしまうと、本人も諦めてしまい、本当にそこまでしか伸びない場合が多いので注意しましょう。

B　こんなはずじゃ……。不安な「そこそこ女子」

特徴

30代後半〜40代全般。最近は、大学や高校でも、将来の自分について考えるキャリア教育支援は設けられていますが、この年代はそのような教育を受けていません。

また、生涯働く女性のモデルケースが少ない中、手探りで歩んできました。実家暮らしの比率が高く、自立することに焦りがないため、将来の自分のキャリアや、どうやって食べていくかといったことを真剣に考える機会が少なかった人も多いようです。これまで何となく、

「たぶん、仕事は結婚するか子どもができたタイミングで辞めるんだろうな」

と、思い続けてきましたが、それが現実になっていないことにはたと気付き、こんなはずじゃなかった……と不安に駆られています。

入社時の時代背景から、事務やアシスタント、一般職での採用が多かったため、いまもその職域で働き続けている人が中心です。

ただ、やりがいを感じているかというとそうでもなく、単に自分の可能性を知らな

いだけの人も見られます。

接し方

改めてキャリアデザインをしなおすタイミングの人たちです。

世の中の環境変化とともに、本人たちがそれらを踏まえ、どのように変化していきたいのか、すべきなのかを、研修を実施するなどして、一緒に考えることをお勧めします。

私もこの年代に向けた研修の講師をよく務めさせていただきますが、入社以来、初めて研修を受けた、という人も多くいます。修了後に受講者の感想を伺うと、「こういうこと、いままで誰も教えてくれなかったので、新鮮でした」という声が多いです。やはり、単に知らなかっただけ、考える機会がなかっただけなんです。

彼女たちはきっと、これからも働き続けるでしょう。だから、ぜひ、戦力として生かしてあげてほしいと思います。上司の方は、会社として何を期待するかの確認と、本人たちの動機付けのための時間をつくって、一緒に検討するなどのお手伝いをしてください。

とくにアシスタント職の人は自分の会社しか知らない人も多いですから、「いままで通りでいい」から突然「変われ」と言われても、どう変わればいいのかわからない、と思っている場合が多いのです。

いま世間の女性はこんな風に活躍している、といった例を示すのも効果的だと思います。

C「一生働く!」と誓う明るい負けず嫌い

特徴

30〜40代前半。総合職で入社した人が多く、同期の男性と肩を並べて競い合ってきた人たちです。

就職氷河期を経験したため、会社は信用できない、信じられるのは自分だけという思いが強く、どこへいっても生きていける力を身に付けようと、努力を怠りません。

可能性を狭めてはいけないと、会社以外の付き合いや情報交換を大事にしていますし、何かの講座に通うなど勉強熱心で、自己投資は惜しみません。

会社の中でも、自分の実績になるかどうかで仕事を選ぶ節があり、会社のため、という理由だけでは動きません。

また、上司が尊敬できなければ、平気で言うことを聞かなくなります。この点、若手の男性たちにも同じ傾向が見られます。

接し方

いまいる会社がスキルアップにつながらないと思えば、迷わず転職する可能性をはらんでいます。

短時間で実績を積もうとするので、仕事を任せるときはただ渡すのではなく、会社と本人双方のメリットや、この仕事をすると未来にどう役立つのかなども伝えておくと良いでしょう。

また、縦社会を窮屈に感じるタイプなので、自由にのびのびと仕事をさせる工夫も大事です。あらかじめ成果のイメージを伝え、やり方は任せる代わりに途中経過を必ず報告してもらう、といった約束をしておくと良いと思います。少し生き急いでいるところがあるので、人によっては、ケアレスミスを繰り返す傾向があります。

そのときの気分によって仕事の成果にブレが出ることも。仕事は一つひとつの積み重ねが大事であること、ショートカットする方法などないことを丁寧に教え、一見ムダと思える仕事にも意味があることを理解させてあげてください。

D　ブレずにバリバリ、の「キャリア女子」

特徴

30代半ば～40代全般。若いころは迷うこともありましたが、自分の人生の〝かたち〟が大分見えてきて、抱えるものもはっきりしてきた年齢です。その中で、これからどうしていこうかを具体的に考えています。

組織の中での自分の役割も、いまとこれからの変化を常に意識しながら、客観的に理解することができる人たちです。そのため、落ち着いてキャリアビジョンを描き、それに向けて目の前のことを実行しています。悩む内容も具体的で、かつそれについて、論理的に考えることができます。

言動にブレがなく、周囲からの信頼も厚い。経営的な視点も身に付いているため、男性とも対等に渡り合うことができます。

接し方

仕事上では、パートナーとして信頼関係を構築できる人たちです。

このタイプは、例えば、子どもが3人いるから、それに合わせて自分の仕事のあり方を考える、とか、うちは子どもをつくらない主義だから仕事中心でいく、とか、それぞれ事情は異なりますが、ビジョンを明確に描いています。

プライベートの事情があっても仕事をおろそかにせず、自分でどこまで可能か、力配分をうまく調整することができます。

上司は相手が女性だからと気を使う必要はとくにありません。なぜなら、困ったときはきちんと主張してくるからです。安心して仕事を任せましょう。

また、ほかのタイプの女性に言いづらいことがあるような場合、キャリア女子タイプの人に相談すると、良いアイデアを提供してくれたり、代わりに伝えてくれることもあります。味方にしておきたい人たちです。

Ｅ〝バブル世代入社〟女子

特徴

40代後半〜。管理職やリーダー的存在としてパワフルに活躍する人たちがいる一方、このまま仕事を続けることに不安がある人も多い年代です。

就職した当時、女性の仕事といえば事務やサポート職が中心。企業は20代のうちに寿退職する〝腰かけＯＬ〟として採用し、本人たちもそのつもりでしたが、その後のキャリアはだんだんと枝葉が分かれていきました。大きく分けて３つ。

①当初のイメージ通りに寿退職し、専業主婦か、そろそろ再就職したいと思っている

②仕事が次第に面白くなったので路線変更して、いまも現役。会社で男性と肩を並べるリーダー的存在になっている

③結婚して会社を辞めるつもりでいるうちに時が過ぎ、いまも若いころの意識のまま、腰かけ気分から抜け出せずにいる

接し方

本書で注目したいのは③の人たちです。個別相談や研修の場でも、このタイプの女性と実によくお会いします。例えば、こんなご相談がありました。

「いずれ辞めることを前提にしてきたので、キャリアプランなんて考えられませんでした。だからこの先、仕事で生きていく自信はないし、大きな責任を負うのも怖いし……。私には事務しかできないから、やりがいがなくても、日々、淡々と続けている状態なんです」

いま、このタイプの人たちにとって大事なのは、世の中の変化に合わせて、自分のキャリアプランを再構築することです。

しかし、これまで自分の仕事について長い目で見たことがなかったので、いきなり一人で考えるのは無理な話。

そこで、上司のみなさんには、彼女たちがちゃんと立ち止まって自分の将来計画を立て直せるよう、手伝ってあげてほしいと思います。

いまの世の中を考えると、おそらく結婚したとしても、共働きになる可能性が大きいでしょう。だから、彼女たちが定年まで働くことも想定し、未来を一緒に考えておく必要があります。

これからもずっと会社で働き続ける彼女たちを放っておいては、ますます関わりづらくなる一方です。

ぜひ、いまから始めてください。

F いわゆる「お局様」

特徴

勤続年数が長い、女性社員のリーダー的存在で、事務職に多いタイプです。社内の事情や仕事内容、お客様のことまでを熟知しています。

中には自分に従順な仲間以外を寄せ付けず、若手社員はもちろん、上司にも恐れられている人もいます。

実は上司よりも社歴が長いため、上司のさらに上の人を君付けで呼んでしまえる、なんて人も。

事務職の女性でお局様が取り仕切るグループに入れない人は孤立し、辞めてしまう

A
まだ未来が見えない
「お悩み女子」
B
こんなはずじゃ……。
不安な「そこそこ女子」
C
「一生働く!」と誓う
明るい負けず嫌い
D
ブレずにバリバリ、の
「キャリア女子」
E
〝バブル世代入社〟
女子
F
いわゆる「お局様」

タイプ別女性社員

ことも。若手の男性が何度も怒られて萎縮してしまうケースもあり、会社も困っていますが、誰も注意できません。

接し方

恐れるあまり、事態を放置してしまっていることが問題です。

その女性と信頼関係さえ築くことができれば、味方になってもらうことも可能だと思います。

以前、私がある企業で出会った女性もそういうタイプで、彼女の機嫌の良し悪しが職場全体の空気を左右するほどでした。

しかし、よくよく話を聞いてみると、

「いまの職場を離れたら、私にはもう働く場所がありません。だから、自分の居場所を確保したかったんです」

と、打ち明けてくれました。すべては不安、実は自信がないことが理由だったのです。自分よりも若く、仕事のできる女性が現れたら、いずれ職場にいられなくなると思っているのです。そうやってすべてをさらけ出すことで、抱え込んでいた不安が軽減されたようでした。

彼女のようなタイプに職場で活躍してもらうには、もっと積極的にリーダーシップを発揮してもらうのが良いと思います。

もともと影響力は強いので、それをプラスの方向に生かせば、みんな彼女に良い形で引っ張られ、職場が一つにまとまります。

男性上司では言いづらい、若手の女性の服装やマナー、女性同士のいざこざも代わりに注意してもらえば、丸く収まるでしょう。

こういう女性と信頼関係をつくるコツは、相手の知識や経験にとにかく頼ること。仕事や人間関係のことも何でも相談して、意見を聞くのです。

そうすれば、だんだんと気持ちがほぐれ、恐ろしいお局様から、上司にとって心強い存在に変わることでしょう。

第5章

「女性社員に支持されない」上司の働き方

不人気上司にはれっきとした理由がある

女性に人気の上司がいる一方で、残念ながら、信望が集まらない上司というのも存在します。私が女性たちから聞いた話の中から、代表的な〈嫌いな上司〉の例をご紹介します。

TYPE 古い価値観を押し付けてくる上司

いままでの社会を築いていた縦社会のルールも、女性の社会進出にともなって少しずつ形を変えてきています。そして、そのことは、男性管理職の方の多くも、よくおわかりかと思います。

しかし、中にはいまだに、女性が意見を言ったり、自分をアピールしたりすると怪

訝な顔をして、

「近ごろの女性は勇ましいな。もう少しそれらしく控え目にしたほうがいい」

などと、古い女性像を押し付けてくる上司もいたりします。

本来、会社というところは社会の移り変わりを映すもののはずで、社員の新陳代謝によって職場の空気も年々更新されていきます。

管理職の方は豊富な経験を生かすと同時に、時代の変化に常に敏感であることも大事なこと、といえるのではないでしょうか。

TYPE 責任を負わない、保身に走りがちな上司

一口に責任を負わない上司といっても、いくつかのタイプがあると思います。

典型的なのは、現場の失敗に対して、すぐに自分のあずかり知らないことだと態度に表す人。

部下がバタバタと慌てていても、素知らぬ顔をしたり、気が付いたらいつの間にか、帰っていたり……。

また、下には強気な態度を取る一方で、自分の上役の顔色を見て、言いなりになるような人も、部下を守るよりも保身に走る、責任を負わない人といえるでしょう。

とくに、お客様に対する態度は厳しく見られています。

例えば、お客様からのクレームに対して、まずは責任者として、お客様を第一に考えて対応すべきところを、社内の犯人捜しに意識が向いていたり、お客様にせっかく謝ったかと思ったら、

「うちの部下が……」

と自分が悪いのではない、と言わんばかりの対応を見せると、女性の気持ちはみるみる離れていきます。

TYPE 粘着質な上司

いったん機嫌を損ねるとねちねちと文句を言い続ける、過去のミスを何度も蒸し返し、

「大体、君はいつもそうだ」

と言いがかりを付ける。こんな上司のもとでは部下たちのムードは日に日に悪くなるでしょうし、また何か言われるのが嫌だから、仕事に対しても萎縮してしまうでしょう。

その中でも最近、女性の相談で多いのが、〈監視する上司〉。

一から十まですべてを見られているようで、少しでも報告しないとたちまち機嫌が悪くなる。

しかし、報告したからといって、何かその後の指示があるのかと思えば、単に自分が管理したいだけだった。何でも知っておきたい気持ちはわかるけど、ずっと見られているようでストレスが溜まる……。

「暇なの？　だったら自分でやってよ！　って思っちゃうんです」

と、女性をイライラさせてしまうようです。

TYPE

口ばかりで信用できない上司

「そうか、うん、わかった。今度、部長に話してみるよ」

こんな上司の一言は、話を切り上げる決まり文句みたいでもありますが、一度口に出した約束は守らないと、部下の信用は得られません。

何度言っても、わかったわかった、で、実行がともなわない。

その割に、自分の頼んだ仕事が済んでいないと、早くしろ、としつこく催促してくるし、自分よりも上の人からの依頼には、腰が軽く、すぐに動く。

すべてがその上司のところでストップしてしまう。

見ておいてください、とお願いした書類が机の紙の山に埋もれていたりすると、自分の相談はあんなに軽く扱われるものなのか、と部下は悲しくなります。

TYPE 出世が命の上司

男性に比べ、女性は〈出世〉という言葉に興味を示しません。それどころか、はっきりと拒否反応を示す人もいます。出世欲はおそらく権力欲に近いもので、女性は権力を振りかざすような人が嫌いなのです。

出世をめざす男性が嫌い、ということではなく、権力にものを言わせる態度をとる人が嫌なのです。

これはよく女性の中で話題に上るのですが、いい人だなーと思っていたのに、役職に就いた途端、急に人が変わったかのように威張り出したり、反面、上に対して露骨に媚を売るようになったりする人がいます。

これもやはり、がっかりする代表的な例です。

こうなると、それまで協力的だった女性たちをいつの間にか敵に回してしまい、部署のパフォーマンスを落とすことでかえって出世が遠のく、なんてことになるかもしれませんね。

TYPE 特定の女性だけをヒイキする上司

オフィスで特定の女性とだけ仲良くしたり、ヒイキしたりするのは絶対に禁物です。

「ヒイキなんてしてないよ」

と弁解しても女性のうわさは怖いものです。

「あの二人、できてるんじゃないの？」などと、女性同士の関係にも亀裂が入る原因になります。そして、最悪の場合、上司とその女性だけが職場でカヤの外に置かれる、なんてこともよくある話です。

何度も書いたので長くは繰り返しませんが、これは彼女たちが職場に求める〈平等性〉に反するからです。上司は部下に対して、平等に接するべきである、という意識です。

その裏側には、世の中はいろいろと不平等なことがあるからこそ、評価する立場の人には、平等性を守ってほしい、という気持ちがあるのだと思います。

みんなの士気が下がったりトラブルに発展したりするのを防ぐには、日ごろの部下への接し方を見直すのはもちろん、部下を主観だけで評価しないことです。ウマが合うから、なんて理由でかわいがるのはもってのほかです。

評価を伝えるときは、事実に基づく根拠を示すなどして、そのように判断した理由をきちんと説明すると、部下の納得を得やすいでしょう。

TYPE
武勇伝を語りたがる上司

武勇伝や自慢話も家族や恋人、友達となら構わないと思いますが、相手が仕事の部下では迷惑がられる可能性大です。

いまの時代を生きている、上司がやんちゃだったころの姿を知らない部下たちに向かっていくら武勇を誇ったところで、

「ふーん、そうですか」

で終わってしまうでしょう。内心では、

「昔のことより、いま、すごいところを見せてほしいな」

と思っているかもしれません。こういう武勇伝は、本人の口からではなく、第三者から、

「実はあいつ、昔すごかったんだよ」

と伝わるほうが価値があります。

「へー、部長、全然自分では言わないから知らなかった。そんな経験があるんだ！」

となるのです。過去の栄光は心の引き出しにしまって、今日の仕事に全力を尽くす

ほうが、部下へのいいアピールになります。

TYPE 女性の意見を尊重しない上司

10年、20年前に比べればさすがに少なくなりましたが、女性の意見を無視するような管理職の男性は、いまでもちらほらみかけます。

はなから、女性の意見は重要ではない、と思い込んでいると、悪気がなくても、右から左へ抜けていってしまうものです。

しかし、いまの時代、女性に限らず、新しい意見はどんどん取り入れないと、変化に取り残されてしまうもの。

それに女性の意見を聞かない上司だ、と思われると、女性は言いたいことも言えずに心の中に納めてしまうでしょうし、陰でその上司についてふれまわることもありえます。

さらに悪い結果としては、そういう上司のいる会社からは、優秀な女性がどんどん流出してしまうでしょう。

TYPE 相手によって態度が百八十度違う上司

こういう人は、部下が女性か男性かにかかわらず、あまり評判が良くないに違いありません。

いつもは強い口調で部下を動かしている男性が、自分の上役を前にした途端に借りてきた猫のように従順になったりしたら、きっとがっかりされてしまうでしょう。

自分の仕事にプライドを持ち、部下を守りたい、お客様に恥ずかしくない仕事をしたい、という上司であれば、社内の上層部にも意見を通そうとする気概が必要になってきます。

誰彼の区別なしに食ってかかるのが良いという意味ではありません。そうではなくて、上層部に対して尊重すべきところは尊重した上で、正しいと思うことや自分の（あるいは部下から集約した）考えを対等な姿勢で、理路整然と主張できる人なら、きっと〈人気の上司〉になれるでしょう。

また、よく聞くのが、飲食店の店員やタクシーの運転手に対する態度について。

「上司がすごくえらそうで、こっちが恥ずかしくなりました」

こういうところまでしっかりと見られているのです。

TYPE 体裁を守るためにウソばかりつく上司

あまり説明はいらないと思います。臆せず〈自己開示〉ができる人なら、ウソをつく必要などありません。

〈体裁〉が気になるのは縦社会のルールにしばられているからで、フラットな人間関係に自分を慣らすことができるなら、そんなこだわりは消えてしまうでしょう。

一つのことを取り繕い、また次にほころびが出たら、また取り繕う……。これの繰り返しでは、仕事も結局前に進みません。

〈番外編〉

女性社員に好かれる上司・嫌われる上司

女性の嫌いな上司をタイプ別に見てきましたが、今度は少し角度を変えて、〈会話の量〉と〈論理性〉をそれぞれ縦軸、横軸にとった座標を用いて、女性に好かれる上司と嫌われる上司の特徴を描いてみました。

会話が多い人でも、話の論理性が高いか低いかで印象は違ってきますし、座標の同じ位置に分類されても、好かれる人と嫌われる人に分かれます。そのあたりの変化を、２つの図から読み取ってください。

好かれる男性上司の4パターン

A「大丈夫、絶対なんとかなるから」「僕の勘だけど、その仕事、君に向いてると思うよ」など、相手がグッとくる言葉を巧みに使い、やる気を引き出す。いつも笑顔で、アイデアが豊富。楽しいことを見つけるのが得意。

B いつも誰もが「なるほど！」と感心するような、根拠のある発言をする。物事をよく知っていて、生き字引のようなところがある。
あの人に聞けばなんとかなる、という存在。その知識量、分析力は彼の上司さえぐうの音も出ないほどだが、それを鼻に掛けることなく、上も立てつつ披露する。

C あまり多くは語らないが、部下が元気のないときなど、ここぞというタイミングで心にしみる励ましの言葉をかけてくる。
意外性があり、なんで？　見てたの？　と部下を驚かす。論理的ではないが、不器用ながらも言いたいことが伝わる短いキーワードをうまく使ったり、表情で表す。

好かれる男性上司の４パターン

D 自分からは話しかけてこないが、こちらから声をかけると、親身になって相談に乗ってくれる。女性が意見を論理的に言えずにいると、それをすかさず整理して、要するにこういうこと？　と穏やかにまとめてくれる。押し付けがましさがなく、感情的にならず、常にマイペース。

嫌われる男性上司の4パターン

A' 感情の起伏が激しく、周囲が気を使いながら接している。
ネガティブキーワードも多用するため、部下は怖くて言われるままにやっている状態。好き嫌いが激しく、自分についてくればいいんだ、など、高圧的な発言も多い。

B' 部下が新しい提案をしても、論理的な説明や根拠がないと、理詰めで問い詰めてくる。相手の逃げ道をなくすような話し方で、プレゼンスキルや論理性の低い部下、とくに女性は意見を言えなくなる。仕事はできるが、隙がなく、冷徹な印象。

嫌われる男性上司の４パターン

C' 普段は口数が少ないが、何かをきっかけに急に感情的になるため、周囲はどう対応すれば良いのか判断できず、困惑している。
人によって、何となくイライラしている、怒ると無口になるなど特徴があるが、中には顔に出ない人もいるのでわかりづらい。

D' マイペースで、無口。研究職や技術職に多く、周囲との会話よりも目の前の自分の仕事に没頭しやすい。興味があることについての質問しか受け付けない。人の気持ちにも無関心。言葉が少ないため、まわりにさほど影響を与えない。

第6章

「上司の外見」チェックポイント!

見た目は上司を知る入り口

いまどき、オフィスでの身なりを「どうでもいい」と思っている人はあまりいないはず。

しかし、男性の場合、それなりに気を使っている人でも、心の底では、「外見と中身は別」と信じていることが多いのではないでしょうか。

もちろん、人を見た目だけで判断できるわけはありません。

一見してさえない人物が実は飛び抜けた能力の持ち主だったり、いかにもお金のかかった服装の人が〝見かけ倒し〟であるケースは珍しくないでしょう。

でも、そうした外見と中身のアンバランスはありうるとしても、同じオフィスで働く仲間への配慮として、やはり身だしなみは無視できません。

それどころか、女性は相手の姿を隅々まで観察して、その人の人柄や性格を推し量る材料にします。いきなり中身を決め付けるのではなく、外見と言動を結び付けて、「きっとこういう人なんだな」

と見当を付けるのです。

例えば、

「この人いつもネクタイの趣味がいいな。奥さんと仲いいみたいだし、家でアドバイスされてるのかも」

「あ、メガネ替えたんだ。前のは少し古くさかったけど、今度はなかなか」

などと、デザインへの目配りとか、円満な家庭をつくれる人柄とか、そんな特徴を感じ取ってその人の〝得点〟にカウントしたりします。あるいは、

「自分の外見に興味なさそうなのに、いつもこざっぱりとしてて、真面目なキャラにぴったり」

と、それまでの好印象をさらに強めることもあれば、反対に、

「全身同じブランドで固めるのはいいんだけど、あまりに一本やりな感じ。そういえ

ば、話してても柔軟さに欠けるよな……」

とひそかに納得したり。

とにかく、見た目のあらゆるヒントを入り口に、日々更新しながらその人のイメージをつくっているのです。

そういうチェックの目は同僚にも向けられますが、上司に対してはさらに注意深くなります。外見のささいな失点が上司としての評価に影響してしまうようではもったいないので、「見られている」という意識を常に持って、簡単なところからイメージアップを図りたいものです。

ポイントをいくつか挙げますので、ぜひ参考にしてみてください。

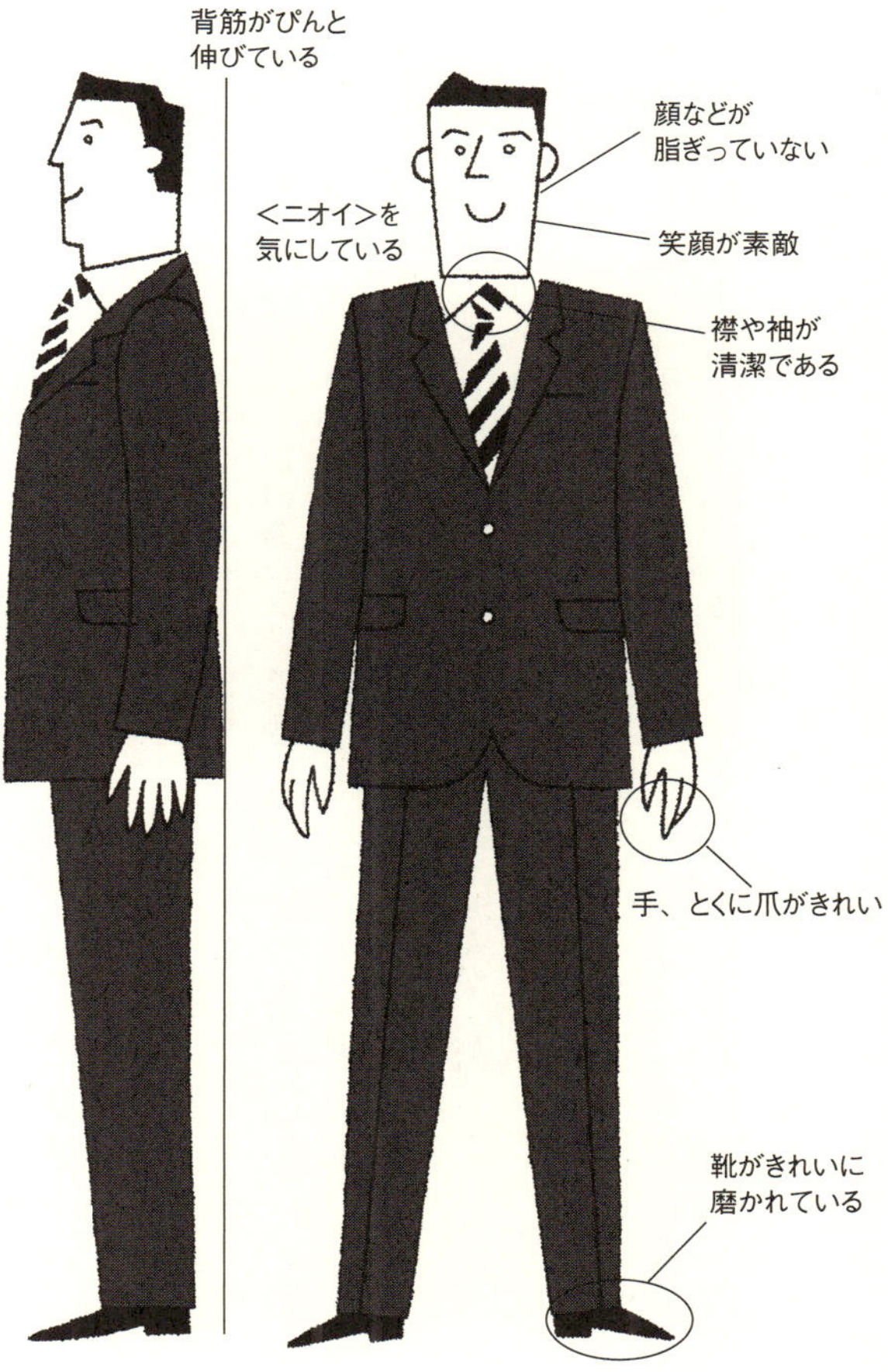

上司の身だしなみワンポイントアドバイス

POINT 女性の視線は顔よりも「指先」に向いている

オフィスでの対人関係というのは、心の距離はともかく、物理的にはかなり近くで行われるものです。大事な打ち合わせなどは、それこそ顔を突き合わすようにしてやりとりすることもありますよね。

そんなとき、女性は上司の姿を間近で見ることになるわけですが、つい目が行ってしまうのは、上司が話にジェスチャーを交えるとき、または書類に触れるときの手の様子、とりわけ〈爪〉の状態です。

忙しい毎日を過ごしていると忘れがちかもしれませんが、無精して伸びた爪というのは、汚れていなくても見た目にあまりいいものではありません。

逆に、爪をきれいに整えた手は清潔さが感じられて、それがいつもだと、あなたの美点に数えられるはずです。爪の手入れは、表面をピカピカにみがく必要はありませんが（やりすぎもNGに!!）、たまに、ではなく、いつも、を心がけましょう。

POINT チーム の〝顔〟は脂ぎっていては務まらない

顔などが脂ぎった状態はそのままにしないで、小まめなケアで〝すっきりさっぱり〟を目指しましょう。

人それぞれ体質の違いは仕方ありませんが、チームワークにみんなが気持ちよく参加するためには、少しの対策で改善できることなら〝たかが〟と思わないで、早く実行したほうが得策です。

身だしなみ全般にいえることですが、単に姿かたちや服装の立派さが問われているのではありません。

他人の目に自分がどう映っているかを想像すること、そして、相手になるべく不快感を与えないよう努めること、そうした〈周囲に対する心構え〉のほうがもっと大事です。

外見を清潔に保つことも仕事の一部と心得ましょう。

POINT 姿勢を正すと女性が声をかけやすい雰囲気になる！

仕事への情熱や自信は、その人の体の姿勢や立ち居振る舞いに表れます。背筋のぴんと伸びた人や態度が堂々としている人を見ると、頼もしく感じられるものです。

一方で、背中を丸めて、デスクにおおいかぶさるようにして仕事をする上司には、どこか周囲を拒絶するような雰囲気が漂います。

例えば、仕事での失敗を報告しようと緊張しながら近づいてきた部下が、

「あの、ちょっとお話が……」

と切り出しても、なかなか気付いてもらえないのでは、余計に萎縮してしまいます。

悪くすると、次からは失敗を報告しなくてもいいや、と思われてしまうかもしれません。

姿勢を正すと視野が広がるぶん、まわりからもオープンに感じられて声をかけやすくなります。

どんなときも部下への目配りを怠らず、コミュニケーションに努めるのが上司の役

目。オフィスの司令塔としてもっと活躍するために、立っているときも座っているときも良い姿勢を保つようにしましょう。

POINT **ワイシャツは襟・袖の清潔感で勝負**

会議中の女性の目がテーブルを挟んだ上司の指先に注がれるのと同じように、衣服の中でとくに目立ってしまうのも、ワイシャツの〝へり〟の部分、つまり〈襟や袖〉です。ここに清潔感があるとないでは大違い。なければ高級品でも台無しです。

ぱりっとアイロンがかかった清潔なシャツは仕事へのプライドの表れと、改めて心に書きとめましょう。

POINT **上司のホスピタリティは「足元」に表れる**

靴がきれいに磨かれている人は良い印象を与えます。

名刺交換のときなど、自分の履いてきた靴が汚れていたら、それだけで気後れしてしまいますよね。

そんなわけで、

「きょうは大事な顧客と会うんだからちゃんときれいにしないと」

と思うのは当然なのですが、ぜひ、社内でも同じ気持ちで〝ちゃんと〟しましょう。

これまで何度も強調したように、女性の価値観の真ん中には〈平等さ〉があります。他人への気遣いの大小が相手によって露骨に変わるのは、女性から見ると不公平で信用できない態度なのです。

逆に、いつ、どんな場面でも靴の手入れが行き届いている人は、相手の位が自分より上か下か、社内か社外かといった縦社会のルールにしばられない、社会一般に対するホスピタリティがある人と映るでしょう。

おおげさに思えるかもしれませんが、こういうちょっとしたことが、女性に与える印象を本当に左右してしまいます。

いま女性的な価値観は社会に広く共有され始めていますから、今後は靴の手入れ一つをとっても、相手を選ばない心がけがますます大事になってくるでしょう。

毎朝、鏡を見てから出かけるついでに、靴もチェック。そんな小さな習慣が、あなたの信頼性をさらに高めてくれますよ。

POINT やっぱり外せない！　ニオイのこと

メディアでもよく取り上げられるので、ニオイのことにまったく無頓着という人はたぶんいないと思います。

しかし、自分では気付かないことが多いですし、忙しく働く中で、そもそもゼロにするのは難しいでしょう。だから、あまり神経質になる必要はないのですが、普段からニオイのことを〈気にかける〉姿勢はとても大事です。

ひょっとして、と自分を疑うことがない人や、まわりが迷惑していると薄々わかっているのに、まあいいや、で済ませている人のほうが問題ですね。ここでも〈周囲に対する心構え〉が問われています。

ニオイの原因はさまざまですが、ごく普通に清潔を心がけることがまず第一。それでもという場合は情報を集めて、無理のない範囲で、適切な対策をとるようにしましよう。

POINT やっぱり笑顔の男性は好感度、大！

表情も外見のうちと考えるなら、笑顔の素敵な人は、七難隠すとまではいいませんが、間違いなく好感を持たれます。

笑顔が苦手、という方もいらっしゃるようですが、誰にでもオープンに、思いやりをもって接していれば、自然と笑顔が浮かぶもの。

内面の充実度を計る〝ものさし〟として、いま自分がどんな表情をしているか、ときどき意識してみることをお勧めします。

文庫版　おわりに

私の専門は、多様な人材が社会や組織で活躍できるためのサポートです。日本は、他の先進国と比べると、男性社会であることは、否めません。高度成長期、男性が日本の成長を支え、いまに至ります。しかし、これからのグローバル社会や少子高齢化を考えると、男性だけでなく、女性も社会に参加し、日本の経済を支える力になっていく必要があります。私は、そのお手伝いとして、女性が活躍するためのキャリアサポートを行っています。具体的には、女性を対象とした、個別キャリア相談、女性向け研修、女性管理職研修、そして、上司である主に男性を対象とした、女性部下育成研修や講演です。

数年前までは、女性向けに研修や講演を実施することが多かったのですが、「女性本人だけでなく、上司に対しても研修、講演を実施したほうがよいのではないか」とのご依頼が増え、最近では、女性向けとその上司向けセットで実施するケースが中心です。

なぜ、上司に受けていただいているのか、というと、女性が活躍するためには、上司のサポートと理解が必要だから、です。とくに日本企業を中心に、部下は男性ばかりで、女性育成に力を注いでこなかった会社が少なくありません。女性はある程度の年齢で、辞めてしまう存在だったから、です。しかし、これからはそうではありません。男性と同じ期間をともに働くわけですから、男性と同等の教育が必要で、それには、何としても上司の協力が必要なのです。この取り組みをご理解いただき、前向きに研修を受けられる上司が増えている一方で、「私は男女に差はないと思って接している」「そもそも女性に管理職を任せるなんて、無理なんじゃないか」「こんなことは逆差別だ、うちのチームは問題ない」とはっきりおっしゃる上司も必ずどの企業にもいらっしゃいます。

ところが、講義を進めていくと、上司の方々の目つきが真剣になっていくのです。「そうか、だからうまくいかなかったんだ」「わかっているつもりで、実はわかっていなかったんだ」。これは、男女ともに言えることで、お互いわかっているようで、実はよくわかっていないまま接しているから、誤解が生じたり、スムースなコミュニケーションが取れなかったり、時にはお互い嫌いになったり、関わらなくなったり……。

研修の最後に、「もっと女性を理解するためには、コミュニケーションをとらなくては」そんな風に日頃のやりとりを振り返られる上司も多いようです。

男女ともにお互いの特徴やルールを理解し、関わることは、仕事をスムースに進めるために欠かせません。

また、この本の内容の中には、若手の男性部下との接し方にも当てはまるヒントがあると思います。自分と違う部下と接するには、まずは違いをきちんと受け止めることからです。

最後になりましたが、本書の文庫化にあたり、お力添えをいただきました中尾美香さんと講談社の岡部奈央子さんに心より御礼申し上げます。そして、なによりもこの本を手に取ってくださった読者のみなさん、ありがとうございました。みなさんがますますご活躍される一助になれば幸いです。

二〇一五年五月

藤井佐和子

本書は二〇一二年二月、WAVE出版より刊行された『女性社員に支持されるできる上司の働き方』に加筆、再編集のうえ文庫化したものです。

藤井佐和子―キャリアカウンセラー。(株)キャリエーラ代表取締役。1968年東京生まれ。大学卒業後、カメラメーカー海外営業部のOL経験を経て、大手総合人材サービス企業にて、派遣事業部、人材紹介事業部の立ち上げに携わる。主に女性を対象とした転職支援チームを立ち上げ、数多くの転職を支援。その後、独立。延べ1万3000人以上のキャリアカウンセリングを行う一方、数多くの企業に対し、ダイバーシティ、女性活躍推進のためのコンサルティング、講演、研修を行う。登壇数は年間200以上。
著書には『朝、会社に行ける自分養成講座』(ソーテック社)、『「あなたには、ずっといてほしい」と会社で言われるために、いますぐはじめる45のこと』(ディスカヴァー・トゥエンティワン)などがある。

講談社+α文庫 女性社員《じょせいしゃいん》に支持《しじ》されるできる上司《じょうし》の働《はたら》き方《かた》

藤井佐和子《ふじいさわこ》

2015年5月20日第1刷発行

発行者――――鈴木 哲
発行所――――株式会社 講談社
東京都文京区音羽2-12-21 〒112-8001
電話 編集(03)5395-3532
販売(03)5395-4415
業務(03)5395-3615
デザイン――――鈴木成一デザイン室
本文データ制作――朝日メディアインターナショナル株式会社
カバー印刷――――凸版印刷株式会社
印刷――――慶昌堂印刷株式会社
製本――――株式会社国宝社

落丁本・乱丁本は購入書店名を明記のうえ、小社業務あてにお送りください。
送料は小社負担にてお取り替えします。
なお、この本の内容についてのお問い合わせは
第一事業局企画部「+α文庫」あてにお願いいたします。
Printed in Japan ISBN978-4-06-281595-6
定価はカバーに表示してあります。